아이덴티티 워커

아이덴티티 워커
당신의 최고 버전으로 사는 방법

초판 1쇄 발행 2025년 5월 22일

지은이 이혜진
펴낸이 장길수
펴낸곳 지식과감성#
출판등록 제2012-000081호

교정 한장희
디자인 정윤솔
편집 정윤솔
검수 이주희, 이현
마케팅 김윤길

주소 서울시 금천구 벚꽃로298 대륭포스트타워6차 1212호
전화 070-4651-3730~4
팩스 070-4325-7006
이메일 ksbookup@naver.com
홈페이지 www.knsbookup.com

ISBN 979-11-392-2603-4(03190)
값 17,600원

- 이 책의 판권은 지은이에게 있습니다.
- 이 책 내용의 전부 또는 일부를 재사용하려면 반드시 지은이의 서면 동의를 받아야 합니다.
- 잘못된 책은 구입하신 곳에서 바꾸어 드립니다.

지식과감성#
홈페이지 바로가기

당신의 최고 버전으로 사는 방법

아이덴티티 워커

이혜진 지음

IDENTITY WORKER

자싣감정

프롤로그

✦ 아이덴티티 워커를 꿈꾸며…

지금 하고 있는 일이 의미가 없는 것처럼 느껴지나요? 아침마다 출근길에 오를 때, 가슴이 뛰는 설렘 대신 무거운 발걸음으로 시작하고 있지는 않으신가요? 저 역시 그랬습니다. 평범한 공무원으로 하루하루를 보내며, 그저 주어진 일을 억지로 하는 것이 인생의 전부라고 생각했죠. 하지만 어느 날, 문득 머릿속을 스친 질문이 있었습니다. "이렇게 평생 일하는 게 맞을까?" "나는 진정으로 무엇을 위해 살고 있는 걸까?"

이 질문은 제 삶의 방향을 완전히 바꾸어 놓았습니다. 마치 꿀벌이 본능적으로 꽃을 찾듯, 연어가 바다에서 강으로 향하듯, 사람마다 자연스럽게 이끌리는 일이 있다는 것을 깨달았습니다. 이끌리는 일에 도전하기 위해 평생직장인 공무원을 그만두기로 결심했을 때, 모든 것이 쉽지는 않았습니다. 주변의 시선은 매우 차가웠죠. 저 역시 가 보지 않은 길이라 처음에는 두렵고, 외로웠습니다. 하지만 제 가슴속 깊은 곳에서 울려 퍼지던 '나만의 길을 따라가라'는 소리를 멈추지 않았습니다.

(1) 아이덴티티란 무엇인가?

아이덴티티(정체성)란 단순히 이름이나 직업, 성격을 말하는 것이 아닙니다.

아이덴티티란 "나는 누구인가?"라는 존재론적 질문에 대한 지속적인 대답의 과정이며, 타인과 구분되는 고유한 나다움의 실존적 통합이라 할 수 있습니다.

철학자 찰스 테일러는 "정체성(identity)은 우리가 중요하다고 여기는 것과의 내적 연결에서 형성된다."라고 했습니다.

즉, 자신이 중요하게 여기는 가치와의 일관된 관계, 그것이 바로 아이덴티티입니다.

정체성은 세 가지 층위에서 존재합니다:

· 기원 – 과거
  어떤 집에서 자랐는지, 무엇을 경험하며 살아왔나요?

· 의미 – 현재
  지금 나는 어떤 사람이고, 무엇을 소중하게 생각하고 있을까요?

· 지향 – 미래
  앞으로 나는 어떤 삶을 살고 싶고, 어디를 향해 나아가고 싶은 걸까요?

진정한 정체성은 외부의 기대에서 벗어나 자기 스스로에 대한 명확한 이해에서 출발합니다.
이해는 곧 선택을 낳고, 선택은 삶의 방향성을 구성합니다. 아이덴티티 워커란 이러한 정체성을 삶과 일에 실현하는 사람입니다.

(2) 일(Work)이란 무엇인가?

"일이란 무엇인가?"라는 질문은 너무 자주 기능적·경제적으로만 다루어졌습니다.

하지만 철학자 한나 아렌트는 《인간의 조건》에서 일을 **'인간의 실존을 구성하는 활동'**이라 보았습니다.

그녀는 인간의 활동을 세 가지로 나눴습니다:

노동 (Labor)	생존을 위한 반복적 행위 (먹고사는 문제)
작업 (Work)	도구, 구조, 제품을 만드는 행위 (건축, 예술 등)
행동 (Action)	말과 행동으로 '나'를 드러내는 행위 (자유, 정치, 창조 등)

오늘날 많은 이들이 '일'을 단순한 생존 도구로만 인식하고 있습니다. 그러나 일은 자아의 확장이며, 세계에 자신의 흔적을 남기는 가장 인간다운 행위입니다.

이때 중요한 것은 일이 나와 '연결되어 있는가'입니다.

즉, 내가 하고 있는 일이 내 정체성과 일치되는가?

▶ 내가 중요하게 여기는 가치가, 내가 하는 일 속에 녹아 있는가?
▶ 나는 일 속에서 나다움을 실현하고 있는가?
▶ 내 일은 나를 성장시키고 있는가, 소모시키고 있는가?

이 질문에 '그렇다'라고 대답할 수 있다면, 당신은 아이덴티티 워커일 것입니다.

(3) 아이덴티티 워커란?

아이덴티티 워커란 단순히 좋아하는 일을 하거나, 돈을 잘 버는 일을 하는 사람을 말하지 않습니다.

그는 자신의 정체성과, 자신의 일을 하나의 흐름으로 통합해 낸 사람입니다.

그의 일은 타인의 기준이 아닌 **내면의 소명(vocation)** 에서 비롯됩니다.

아이덴티티 워커는 다음과 같은 인간상이라 할 수 있습니다.

- 자기 이해(Self-Knowledge)에 기반한 삶
- 가치 중심(Value-Oriented)의 결정하는 삶
- 자기 실현(Self-Actualization)을 추구하는 실천적 삶

나를 앎으로써, 나의 일을 만들고,
그 일을 통해 다시 나를 확장합니다.

'Berufung'(소명)이라는 독일어처럼,
일은 운명이고, 존재의 방식이며, 세계를 변화시키는 도구입니다.

(4) 왜 지금, 아이덴티티 워커인가?

현대 사회는 '무엇을 할 것인가'보다 '누구로 살 것인가'를 묻는 시대입니다.

단순한 성공의 시대는 지났습니다.
이제는 **'의미의 시대'**입니다.

많은 이들이 일에 대해 이렇게 말합니다:

"더는 견딜 수 없다."
"나를 위한 일이 아니다."
"이 일을 왜 하는지 모르겠다."

이는 단순한 번아웃이 아니라, 정체성과 일의 괴리에서 오는 정체성 상실에서 오는 본질적 고통입니다.

아이덴티티 워커는 이 문제에 대한 유일한 해답입니다.
정체성을 기반으로 일을 구성하고,
일을 통해 정체성을 드러내며,
그것을 통해 타인과 사회에 기여합니다.

이제는 일과 삶을 분리하는 워라밸 시대를 넘어,
일 안에서 삶의 의미를 찾는 워라하모니(Work-Life Harmony)의 시대로 나아가야 합니다.

인생은 짧고 그 절반은 일을 하며 보내야 합니다.

억지로 하고 싶지 않을 일을 하면서 산다면 너무나 괴로운 인생이 될 것입니다.

자신을 진정으로 사랑한다면 진짜로 원하는 일을 위해 살아가는 건 어떨까요?

겨울에 피는 꽃이 있고, 봄에 피는 꽃이 있듯이, 우리 각자도 자신만의 계절에서 빛날 수 있습니다. 그렇기에 중요한 것은 나만의 계절을 찾는 것입니다. 당신이 그 계절을 발견하고, 아이덴티티 워커로 살 수 있도록 돕기 위해 이 책을 쓰게 되었습니다. **10년간 4,000명 이상 성인진로상담을 하면서 알게 된 노하우를 정립했습니다. 자신의 정체성에 맞는 일을 찾아 소명을 갖고 살아가는 '아이덴티티 워커'가 되기 위한 5단계의 개념을 소개할 것입니다.**

아이덴티티 워커의 이론을 연구하고 정리한 이유는 간단합니다.

많은 사람들이 가 보지 않은 길에 대해서 두려움보다는 설렘으로 도전하기를 바라기 때문입니다.

우리는 모르는 길을 걸어갈 때 누구나 불안과 두려움에 빠지게 됩니다. 한 예능 프로그램을 본 적이 있습니다. 출연자에게 안대를 차게 하고 보이지 않는 상태에서 물속에 손을 넣어서 어떤 물체인지 맞히는 게임이었습니다. 참여자는 보이지 않기에 불안감과 공포에 휩싸여 겨우겨우 손으로 만지다가 소리를 지르며 놀랍니다. 이 모든 상황은 출연자에게는 공포이지만 무엇인지 알고 보고 있는 시청자에게는 아주 즐거운 구경거리입니다. 보이냐 안 보이냐에 따라서 누군가는 공포로 느끼고 누군가에게는 즐거움이 됩니다.

마찬가지로 개인의 타고남을 발견해서 새로운 길을 가는 것은 누구에게나 두려운 일입니다. 왜냐하면 우리는 단 한 번도 이것에 대해서 배우고 경험한 적이 없기 때문입니다.

저와 같은 길을 가고자 하는 분들이 마주하게 되는 어두운 터널을 불안과 두려운 마음에 포기하지 않도록 노하우들을 정리하게 되었습니다.

당신이 도전하는 과정에서 어려움이 생기더라도 흔들림 없이 나아갈 수 있도록 응원하겠습니다. 히말라야 정복을 도와주는 셰르파처럼 당신의 내면에 숨겨진 아이덴티티를 발견하고 꽃피우는 여정에 함께하겠습니다.

지금, 당신만의 꽃을 찾기 위한 첫걸음을 내디딜 준비가 되셨나요? 이 책이 길라잡이가 되어 줄 것입니다.

목차

프롤로그   5

제1장
억지로 일하는 사람들

01. 위기는 곧 기회이다   20
    - (1) 23살, 자퇴 두 번 한 백수   20
    - (2) 번아웃이 온 7급 공무원   26
    - (3) 모두가 반대하는 시작   31
    - (4) 30살, 아이덴티티 워커로의 길   37
02. 나는 왜 일을 하는가?   49
03. 늦었다고 포기하는 당신에게   58

제2장
아이덴티티 워커의 내면 알고리즘

01. 나를 잃어버린 사람들   68
02. 잠재력은 어떻게 작동할까?   77
03. 필수 내면 알고리즘   84
    - (1) 미래에 대한 기대   84
    - (2) 욕망의 주인은 나   86
04. 성공을 방해하는 내면 알고리즘   90
    - (1) 완벽주의라는 허상   90
    - (2) 실패는 없다, 포기하지 않는다면!   95

제3장

아이덴티티 워커가 되는 5단계

1단계: 파인드 아이덴티티 　　　　　　　　　　　106
　⑴ 아이덴티티란? 　　　　　　　　　　　　　106
　⑵ 아이덴티티 찾는 방법 　　　　　　　　　　115
2단계: 코스트 트레이닝 　　　　　　　　　　　　134
　⑴ 기회비용의 늪이란 함정 　　　　　　　　　148
　⑵ 꿈만 꾸다 놓쳐 버린 진짜 꿈 　　　　　　　152
　⑶ 직장인이 벽을 미는 방법 　　　　　　　　　154
3단계: 리얼 서바이벌 　　　　　　　　　　　　　160
　⑴ 좋아하는 일의 의미 　　　　　　　　　　　176
　⑵ 세상이 당신을 몰라준다고 생각한다면? 　　179
　⑶ 비범함을 꿈꿔라 　　　　　　　　　　　　　188
　⑷ 히든에셋, 보석 같은 숨겨진 자산 　　　　　190
4단계: 스페셜 캐릭터 　　　　　　　　　　　　　194
5단계: 퍼펙트 아이덴티티 워커 　　　　　　　　206

제4장

새로운 도전을 눈앞에 두고 있는 분들에게

01. 당신의 꿈은 무엇입니까? 　　　　　　　　　216
02. 아무도 알려 주지 않은 인공지능 시대의 생존 전략
　　: 영혼을 담은 사람들 　　　　　　　　　　222
03. 직업에도 인연이 있다 　　　　　　　　　　　227

　마치며 　　　　　　　　　　　　　　　　　　　230

제1장

억지로 일하는 사람들

위기는 곧 기회이다

(1) 23살, 자퇴 두 번 한 백수

20살, 대학 자퇴 후 나는 늪에 빠져 있었다. 꿈의 대학을 향한 발걸음은 좌절되었고, 각자의 길을 걷는 친구들 사이에서 나만 제자리걸음을 하고 있는 듯해서였다.

입시 실패 후 나는 취업이라도 빨리해서 돈을 벌기로 했다. 그래서 평소 아이들을 좋아하기도 했고, 취업이 잘되는 유아교육과를 선택했다.

학교를 늦게 들어간 만큼 이를 악물고 공부할 거라 다짐했건만, 예상과 달리 대학교 생활은 최악이었다.

아이들에게 애정을 가지고 있는 것과 유아교육과에서 공부하는 것은 완전히 다른 영역이었다. 인형극, 종이접기, 동화 구연을 할 때면 나의 영혼은 어딘가로 가출했다. 최악 중 최악은 과제였다. 손재주가 없었기에 어머니와 할머니의 도움으로 겨우겨우 교구를 만들어 제출했다. 본능적으로 전공이 나와 맞지 않다는 것을 알게 되었다. 바로 그만두고 싶었다. 하지만 미루고 미루다가 결국 졸업해도 일을 할 수 없다는 확신이 들었고 1년이란 시간을 버리고 자퇴를 하게 되었다.

목표 하지않은 대학 – 자퇴 – 재수 실패 – 유아교육과 입학 – 자퇴

내 나이 22살, 어린 나이였다. 하지만 또래 친구들은 졸업을 앞두고 있었고 나는 어디에도 속하지 못했기에 실패한 인생이 된 것만 같았다. 자존감은 바닥으로 내려갔고 마음도 완전히 무너져 버렸다.

인생이 엉망이 되었다는 좌절감에 방 안에 틀어박혀 세상과 단절한 채 시간을 흘려보냈다. 어두운 방에 있는 나를 보고 엄마는 무척이나 속상하셨을 것이다.

그러던 어느 날 어머니는 참고 참다가 방구석에 죽은 송장처럼 누워 있던 나를 씻기고 밥을 먹이고 무작정 밖으로 데리고 나오셨다.

그리고 도시 한복판에 나를 던져 놓고 집으로 돌아오셨다. 어안이 벙벙하고 화가 났지만 말할 새도 없이 휑 하고 사라지셨다.

나중에 왜 나를 버리고 갔냐고 물어보니 혼자 집으로 돌아오면서 무언가를 깨닫기를 바라셨다고 했다.

그 순간만큼은 어떤 현자보다 어머니의 현명함이 나를 일깨웠다고 생각한다.

바쁘게 움직이는 사람들 틈 속에서 현실을 갑자기 마주한 순간,
내가 왜 이러고 있지?
저 수많은 사람들은 각자 열심히 무언가를 하고 있는데 나는 왜 아무것도 안 하고 시간만 축내고 있지?

갑자기 눈물이 쏟아지면서 내 안의 진심을 보게 되었다.

아무것도 하고 싶지 않은 게 아니라 뭐라도 하고 싶은 거구나, 삶을 포기하고 싶은 게 아니라 치열하게 살아 내고 싶었던 거구나를 알게 되었다.

도심의 활기찬 사람들 사이에서 현실을 직면했다.

활기차게 소리를 지르며 물건을 파는 상인분들의 아름다운 미소를 보았고 생기 넘치는 모습이 감동적이었다.

시장 사람들의 모습이 나의 뇌리에 크게 남았다.

아무 생각 없이 지나쳤던 저들의 손길과 행동들이 거인처럼 커 보였다.
한참 동안 그들을 경이로운 표정으로 쳐다보다 집에 돌아오는 버스에 올라탔다.
버스를 타고 돌아오는 길에 밖에 보이는 현수막을 보게 되었다.

"공무원 두 달 완성"

지금 보면 어이없는 어그로성 광고 문구가 나에게 한 줄기 희망처럼 보였다. 공부밖에 할 줄 모르고 공부로 실패했던 나에게 공부를 통해서 다시 시작하는 방법을 처음 보게 된 것이다.

내 인생에 공시라는 선택지는 없었다. 그렇지만 학력도 필요 없고 합격만 하면 좋은 대학을 간 친구들보다 빠른 취업과 평생직장을 보장한다는 생각이 내 마음을 움직였다.

집에 돌아오자마자 "나 공무원 할래."라고 말했다.
어떤 일을 하는지, 어떤 장점이 있고 어떤 단점이 있는지 생각할 겨를은 없었다. 알코올 중독인 아버지의 밑에서 딸을 잘 키우는 것이 세상에서 가장 중요한 목표였던 어머니에게 더 이상 실망을 안겨 드리고 싶지 않았다. 사실 이미 너무 많이 속을 썩였기 때문에 죄책감도 컸다.

번듯한 공무원이 되는 게 지금까지의 불효를 갚고, 학창 시절 주변에서 모두가 좋아했던 그때로 돌아가는 방법이라고 생각했다.

공시 기간은 불안함과 의심, 두려움의 연속이었다.

이마저도 실패하면 더 이상 갈 데가 없다.

때때로 스스로를 의심하는 목소리가 나를 자꾸 흔들었다. 공시생을 해 본 분이라면 이 말을 공감할 것이다.

다행히 학창 시절 내내 공부해 왔던 습관이 흔들리는 나를 붙잡아 주었고, 5개월 만에 처음 치른 시험에서 **괜찮은** 성적이 나왔다. 자신감이 생겼다. 열심히 했고, 운 좋게도 1년 만에 합격했다.

23살, 이른 나이에 공무원이 됐다.
순식간에 상황이 바뀌었다.

졸업을 앞두고 취업을 걱정하는 또래에 비해 내 인생은 꽤 괜찮았다. 합격증은 성공한 인생과 자랑스러운 딸로 **만**들어 주는 마법봉이었다. 지금과는 다르게 20년 전 **한참** 공무원 인기가 높을 때였기에 더욱 그랬다.

친척, 지인들의 축하와 친구들의 부러움을 한 몸에 **받으**며 의기양양하게 공직 생활을 시작했다.

초임 시절, 어려움은 있었지만 행복했다. 또래와의 격차를 더 벌리고 싶은 욕심이 생겼고, 8급이 되면서 워라밸을 포기하고 일에 매달렸다. 동기보다 잘하고 싶었고 승진에 밀리기 싫었다. 20대 중반에 7급이라는 타이틀을 얻게 되었다.

(2) 번아웃이 온 7급 공무원

공무원 합격이 나의 자존감을 올려 준 것처럼 진급이 되면 더 행복할 줄 알았다.

하지만 찾아온 건 번아웃이었다. 공허함이 몰려왔다. 일을 하며 처음 느끼는 감정이었다. 주변의 축하들이 더 이상 기쁘지 않았다.

남들은 절대 이해하지 못할 물음들이 생겼다.

'기계처럼 시키는 일만 하며 평생 이렇게 일하는 게 맞을까?'
'의미 없는 회식과 의전은 왜 해야 될까?'
'일의 보람 없이 퇴근만 기다리는 삶이 맞는 걸까?'
'선배들의 모습이 내가 원했던 미래 모습일까?'

이렇게 시작된 고민은 어느샌가 본질적인 고민으로 변했다.

내가 원하는 삶인가? 언제까지 이렇게 살지? 인생이란 무엇일까?

일에 대한 괴로움은 만족스럽지 않은 월급, 수직적 조직문화, 진상 민원 등 흔히 알려진 공무원의 단점들 때문은 아니었다. 진급을 하면 할수록 공직의 단점은 장점으로 바뀌어 편하게 일하는 사람들이 훨씬 많다.

그러나 내게는 이런 장점들이 의미가 없었다. 일 자체가 재미없었고, 성장하지 못하고 정체되어 있음이 견디기 힘들었다.

모두가 말하는 일의 장점이 무의미하게 느껴진다면 이는 당신의 길을 의심해 봐야 하는 큰 단서가 되어 준다.

이게 진짜 내 길인가?

어느 날 창밖을 보다가 이유 없이 눈물이 왈칵 났다.

사람들 앞에선 멀쩡하게 지내다가 혼자 있을 때면 시도 때도 없이 '죽으면 편할까?'라는 부정적인 생각이 올라왔다.

번아웃. 다 불타 없어진 상태에 빠져 있었다. 보람, 의욕, 만족이 없어진 후 나타나는 현상이었던 것이다. 내 고민을 들은 친한 언니는 이렇게 말했다.

"넌 지금 연필심이 다 닳아 없어진 연필 같아.
심이 없는데 아등바등해 봐도 소용없어.

아무것도 하지 말고 그냥 쉬어. 생각도 하지 마. 열정도 내지 마. 가만히 자기를 돌아봐. 스스로를 아껴. 힘이 생기면 그때 다시 깎아서 쓰면 돼."

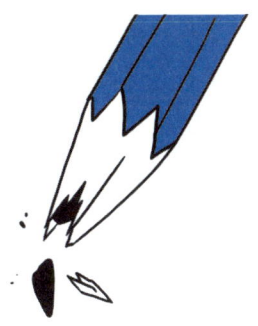

　그러던 중 청천벽력 같은 어머니의 암 소식을 듣게 되었고 이 일은 내 삶을 근본적으로 흔들어 놓았다. 어머니는 나의 보호자이자 가장 친한 친구였다. 나를 홀로 키우며 어려움 속에서도 항상 웃음을 잃지 않을 수 있는 힘이 되어 주었다.

　온 세상이 무너지는 것 같았다. 어머니 없이는 내 존재 자체가 의미를 잃을 것만 같았기 때문이다. 모든 열망의 동력이었고, 그 누구도 대신할 수 없는 내 삶의 중심이었다.

　공무원이 되기로 결심했던 것도, 어머니에게 안정적인 미래를 보장해 드리기 위함이었다. 하지만 병상 앞에서, 모든 것이 허무하게 느껴졌다.

함께 병원의 조용한 복도를 걸으며, 많은 시간을 고민하고 성찰하는 기회를 가졌다. 어머니의 눈빛에서 나는 깊은 애정과 불안, 두려움을 모두 읽을 수 있었다.

그분의 고통을 보면서, 어떻게 하면 이 상황을 의미 있게 바꿀 수 있을지 고민하기 시작했다.

엄청난 인생의 위기의 순간이었지만 뒤돌아보니 새로운 기회의 시작이었던 것이다.

괴로웠던 하루하루가 나에게는 자아를 발견하고, 삶의 목적을 찾는 데 결정적인 역할을 했다. **결론적으로 더 이상 공무원으로서의 삶에만 매달리지 않기로 했다.**

대신, 열정을 따라 새로운 길을 모색하기 시작했다.

만약 당신이 고통 한가운데에 서 있다면, 그건 사실 새로운 삶을 살아갈 수 있는 초대장이 도착한 것일지도 모른다.

나도 모르게 서서히 방향을 잃어 가다가 번아웃이 찾아 왔고, 어머니의 암 투병이란 최악의 사고가 인생의 방향을 다시 잡을 수 있는 계기가 된 것처럼 말이다.

그러니 고통의 순간에 삶의 방향이 정말 원하는 방향인지 잠깐 멈추고 돌아볼 필요가 있다. 위기라고 느끼고 있으면, 이건 뛸 준비가 되었다는 신호니까.

(3) 모두가 반대하는 시작

우여곡절 끝에 평생직장을 내려놓기로 했다.
굳게 마음을 먹었어도 두려운 마음이 드는 건 너무나도 자연스러운 일이었다.

30대에 아무것도 없이 처음부터 다시 하려고 마음먹기는 쉽지가 않았다.

특히나 함께 있는 주변 사람들은 나의 마음을 수시로 꺾이게 만들었다.

크랩 멘탈리티(Crab Mentality)라는 말이 있다.

게들이 바구니 안에 있을 때 한 마리가 바구니 밖으로 나오려고 하면 다른 게들이 잡아당겨 다시 바구니 안으로 끌어들이는 모습에서 유래한 말이다.

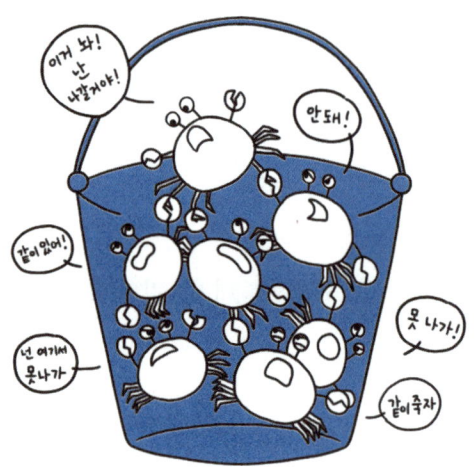

개인이 성공을 위해서 조직에서 벗어나려고 할 때 같이 있던 다른 구성원들이 방해하거나 끌어내리려는 경향이 있다는 뜻이다.

매일 같이 출근하고 얼굴을 보며 친하게 지내는 동료들에게 이런 고민을 말했을 때 내심 나는 응원의 소리를 기대했는지도 모른다.

그러나 현실에서는 새로운 길에 대한 공감과 지지보다는 자기와 다른 길을 가는 사람에 대한 이질감이 더 큰 것 같았다.

공무원을 그만두려 했을 때, 점심시간마다 "나도 때려치워야 되는데…." 하며 불평만 늘어놓던 동료들이 내가 진짜 그만두겠다고 하자 태도가 돌변했다.

"그래도 이만한 직업이 없지. 대출도 잘 나오고 월급도 안 밀리고 안정적이잖아. 시간이 지나면 괜찮아질 거야. 나중에 후회하면 어떻게 하려고 그래…. 그 나이에 뭘 하겠다는 거야. 너무 늦었어."라며 걱정 어린 조언을 했다.

하지만 그들의 조언이 나는 다르게 들렸다.

"당신이 원하는 삶을 찾아가는 건 원치 않아. 우리처럼 똑같이 살던 대로 살아."처럼 들렸다.

가장 충격이었던 것은 단짝처럼 지냈던 동기가 사회가 얼마나 무서운지 모르고 철이 없어서 저러는 거라고 저주 아닌 저주를 퍼붓고 다녔다는 것을 우연히 듣게 된 것이다. 그때의 배신감은 큰 상처가 되었다.

나답게 살기 위해 다른 길을 선택하는 것이 주변을 불편하게 할 수 있다는 것을 전혀 몰랐다.

그럼에도 불구하고 끝까지 포기하지 않고 나아갈 수 있었던 건 주변 사람들이 아니라 죽음의 문턱에서 끝까지 나를 응원하며 믿어 준 사랑하는 어머니가 있었기 때문이다.

한 번 사는 인생에 원하는 선택을 하지 못한 게 가장 후회된다며 네가 하고 싶은 대로 하라는 말씀이 나를 움직이게 만들어 주었다. 지금까지 흔들림 없이 걷게 해 준 마음속 깊이 새겨진 말이다.

상담을 하다 보면 비슷한 상황에 빠져 있는 분들을 만나곤 한다. 용기 내어 지금부터라도 자신의 삶을 찾겠다는 말을 할 때 가장 마음을 꺾어 버리는 건 멀리 있는 사람이 아닌 가까운 사람들이라는 것이다.

괴로워하는 그들에게 나는 자연스러운 현상이라고 이야기한다. 어른이 된다는 것은 내가 꾸는 꿈을 진정으로 응원하는 건 나 자신밖에 없다는 것을 깨닫는 것일지도 모른다.

새롭게 도전하기 위해 조언을 얻으며 다니던 분들이 주변의 반대에 부딪혀 마음이 꺾이고 포기하는 경우들을 많이 보게 된다.

"이거 힘들대, 저건 어렵대." 남들의 이야기에 휘둘리다가 다시 처음 바구니로 돌아가게 되는 것이다.

주변에서는 당신이 일을 그만두는 것도 반대할 것이고 새로운 일을 시작할 때도 반대할 것이다. 그렇기에 수많은 반대에 '아니요'를 외칠 수 있는 용기가 있어야 한다.

어쩌면 모두가 반대하는 것은 올바른 방향으로 가고 있다는 증거일 수도 있다.

아이덴티티 워커는 모두가 반대하는 외로운 싸움을 시작할 수 있는 사람이어야 한다. 과정은 고독하지만 끝에는 축복이 기다리고 있을 것이다.

(4) 30살, 아이덴티티 워커로의 길

여러 경험과 우여곡절 끝에 상담사의 길을 목표로 정했다. 심리학 공부에 몰두하고 있었던 어느 날, 한 상담사의 충격적인 말에 깊은 절망에 빠졌다.

"혜진 씨, 상담은 안 어울려요. 말투도 너무 경쾌하고, 외모도 상담사와는 거리가 멀어요. 공무원 하시면서 봉사나 취미로 하는 게 나을 겁니다."

그의 말은 마치 내 꿈에 찬물을 끼얹는 듯했다.
왜 나를 타인이 재단하지?
오기가 생겨 그 말에 꺾이기 더 싫었다.

그날 밤, "상담사가 되어 실패하면 어떻게 될까?"라는 질문을 종이에 적기 시작했다. 목록을 작성하며 깨달았다. **가만히 있는 것이 더 최악이란 사실을.**

"삶은 과감한 모험이거나 아무것도 아니다."
헬렌 켈러(Helen Keller)

수많은 반대에도 불구하고, 나는 상담사로서의 길을 걷기 시작했다.

공부하다 보니 심리상담보다는 진로상담에 관심이 생겼고 자연스럽게 초중고 진로상담사로 업을 시작했다. 그때 진로에 대한 상담은 학생들 상대로만 하고 있던 시기였다.

원하던 일이었기에 열정과 에너지를 다 쏟았다. 학생들에게 긍정적인 영향을 미치고 싶어서 정말 열심히 했다. 그런데 실제로 그 일을 하면서 의문점이 점점 커져만 갔다.

"이 아이들에게 정말 필요한 것은 무엇일까?"
나는 스스로에게 물었다.

의사, 변호사, 회계사, 교수, 교사, 공무원 등등… 와닿지도 않고 허울뿐인 직업을 열거해 주는 것 그리고 단순히 학업 스트레스를 위로해 주는 상담을 원하지 않았다.

스스로 정체성에 대해서 고민하고 타고남을 찾아 그에 맞는 진로계획을 세우는 인생 전반의 장기적인 해결책을 제시하고 싶었다.

하지만 입시를 준비하는 학생들에게는 시험 문제의 정답을 맞혀 원하는 대학에 골인하는 것이 더 중요했다.

원하는 일을 시작했다고 생각했지만 생각과 현실 사이의 괴리로 인해 더 깊은 고민에 빠졌다.

"표류하는 배처럼 본인의 진로를 갈팡질팡하는 성인들은 어디서 도움을 받아야 할까?"

이 질문을 던질 때마다, 방황하던 시절 도움받을 수 있는 곳을 찾지 못해서 전전긍긍했던 기억이 떠올랐다.

대부분의 성인들이 본인의 아이덴티티와는 무관하게 생계를 위해 일하는 현실이 안타깝고 답답했다.

'아이덴티티'에 대한 관심과 전문적인 지원이 전무하기에 억지로 일하다가 무엇이 문제인지조차 알지 못하고 괴로워하는 사람들을 보며 슬펐다.

자신의 문제를 해결하기 위해 시작한 글쓰기가 작품이 되어 작가가 되는 것처럼, 나와 같이 성인이 되어 꿈과 현실 사이에서 진로에 대해 고민하는 사람들을 돕는 것이 나의 소명이라는 생각이 들었다.

그렇게 '퍼스널커리어 전문가'가 되겠다는 마음을 먹었다.

퍼스널커리어 전문가로서의 길은 당시 미개척 영역이었다. 당시에는 사람들이 성인을 대상으로 한 진로상담의 필요성을 인식하지 못했고, 수요도 거의 없었다.

초중고 학생을 대상으로 한 진로 부문 정보는 많았지만 이 분야에는 정보가 부족했기에 성인진로상담을 위한 자격증 과정, 심리학 및 경력 코칭에 관한 심도 있는 공부를 시작했다.

해외의 연구 결과도 참고했고 정보가 부족한 틈을 메우기 위해 경력 개발, 인적 자원 관리 등 다양한 분야의 전문가들과 인터뷰를 하고, 세미나와 워크숍에 참여했다. 각각의 스텝은 도전이었고, 때로는 실패로 이어졌으며 완전히 고갈된 기분을 느꼈던 순간도 많았다.

공부를 하면서 기존에 해 왔던 방식에서 벗어나 완전히 새롭게 발전해야 의미가 있다고 생각했다. 미미해 보였지만 조금씩 성장했다. 질타도 받고 무시를 받는 경우도 많았다.

그러나 꾸준히 하나씩 쌓아 가다 보니 나만의 상담 모델을 개발하게 되었고 그 가치를 인정해 주는 사람들이 점점 늘어났다.

전문가로서 경험과 인지도가 생기면서 국내 1호 성인진로컨설턴트로 인증도 받게 되었다.

새로운 업을 창직하는 것이기에 시작부터 끝까지 모든 것을 새롭게 만들어야 했다.

아무도 인정해 주지 않았지만 포기하지 않은 건 나의 아이덴티티, 사람들의 내면에 숨겨진 가능성을 발견하고 그들이 진정한 길을 찾도록 돕는 능력을 믿는 수밖에 없었다.

상담을 진행하면서 수많은 성인들이 자신의 몰랐던 재능을 발견하고, 그들의 아이덴티티를 재정립하는 모습을 목격했다.

그리고 아이덴티티에 맞는 평생 지켜 나갈 철칙을 세우기로 했다.

들뜬 마음으로 꿈꾸며 일을 시작한 것과 다르게 초창기는 너무나 어려웠다. 성인진로상담이라는 단어조차 아무도 모를 때이기에 당연히 찾는 사람 하나 없었다. 고정비는 비용대로 다달이 나가니 너무나도 답답한 시기였다.

하지만 내가 진정 원하는 길이었고 망하게 된다면 이것 또한 운명이라는 생각으로, 1년만 버텨 보자는 마음으로 보냈다.

나와 같은 고민이 있는 사람들은 어디에나 있을 거라는 확신이 있었다. 블로그에 칼럼을 작성하고 고민하는 사람들을 위해 소책자를 만들었다. 소책자가 온라인에 인기가 되어 퍼지면서 많은 사람들이 방문하기 시작했다.

처음 만들었던 소책자

아이덴티티 워커의 길이 성공의 길과 같아지는 순간이었다. 그때 글들을 모아서 2018년도에 첫 책《아무도 알려주지 않는 진로와 적성》을 출간하게 되었다.

많은 상담을 통해 임상적 데이터가 쌓이고 실력이 늘었다. 어떤 상황이 와도 헤쳐 나갈 수 있다는 '자기 확신'이 생겼다.

점점 자리를 잡아 가던 중 예상치 못하게 코로나 시국이 되었다. 또다시 큰 위기가 왔고 이로 인해 사업도 크게 흔들렸다. 지금까지 100% 오프라인 상담만 진행해 왔기에 코로나는 최악의 악재였다. 주변에선 코로나에 맞춰 온라인 상담으로 전환하라고 했다. 그게 더 고정비를 줄이고 현명한 방식이라며 일장 연설을 늘어놓았다.

나는 결단해야 했다. 그리고 편한 길이 아닌 아이덴티티 철칙에 따른 선택을 하기로 했다. 위기였지만 철칙을 지키며 일을 진행하다 보니 고객만족도는 점점 올라갔다.

100% 오프라인 상담을 진행하고, 지방에서 서울로 이전하며 예전보다 더 큰 사무실을 구했다.

처음 자리 잡은 사무실

성장해 가는 아이엠컨설팅

현재의 아이엠컨설팅 사무실

"이렇게 해서 망하면 망하는 대로 받아들이겠다. 이게 내 그릇이며 운명인 거야."라며 밀어붙였다. 함께 일하던 직원들은 나보고 독불장군 같다고 했다. 그 결정으로 같이 일하던 몇 명은 내 곁을 떠났다.

운이 좋게도 코로나 때 사업은 더 성장하게 되었다. 철칙을 지켰기 때문에 가능한 결과라 생각한다.

제일 감사한 분들은 어려운 환경에서도 꿈을 잃지 않고 '진짜 원하는 일을 찾고 싶다'며 찾아온 분들이다. 차곡차곡 돈을 모아서 자신에게 주는 가장 특별한 선물로 상담을 받으러 오는 분들을 보며 나도 감동을 받곤 했다. 그런 분들을 보면 더 진정성을 가지고 일을 해야겠다는 다짐을 하게 된다.

만약에 실패했더라도 계속 그 상태로 주저앉아 있지는 않았을 것이다. 본질적으로 내가 추구하는 가치가 변하지 않으면 순간적인 실패와 어려움이 있어도 다시 일어설 수 있다. 아이덴티티만 확고하다면 방향성은 변하지 않기 **때문이다.**

개인의 행복을 유지하기 위해서는 어떤 환경에도 휘둘리지 않고 주체적인 삶을 꾸려 가려는 마음이 있어야 한다. 이것이 모두가 아이덴티티 워커가 되어야 하는 이유이다.

그렇지 않으면 결과가 좋은 날은 행복하고 실패한 날은 우울해지는 일희일비(一喜一悲)하는 삶에서 벗어날 수 없게 될 것이다.

상황에 끌려가기 시작한다면 결과가 좋든 나쁘든 우리는 끊임없는 굴레 속에서 고통받으며 살아갈 수밖에 없다.

따라서 당신은 당신만의 아이덴티티를 찾아야 한다. 타고난 아이덴티티를 찾는다면 철칙은 자연스럽게 세워지고, 결과에 휘둘리지 않으며 살아갈 수 있는 원동력을 얻게 된다.

나는 왜 일을 하는가?

"왜 일을 하는가?" 이 간단해 보이는 질문에 대한 대답은 우리가 일에 대해 어떻게 생각하고 있는지를 극명하게 보여 준다.

만약 '돈을 벌기 위해' 혹은 '해야 하니까' 같은 답이 떠오른다면, 아이덴티티 워커의 길을 걷고 있지 않을 가능성이 높다.

1만 년 전, 생존을 위해 사냥을 했던 원시인처럼 일을 그저 생존을 위한 수단으로만 여기고 있는 것과 같다.

이건 마치 '시시포스의 형벌'을 떠올리게 한다. 그리스 신화에서 시시포스는 거대한 바위를 산꼭대기로 밀어 올리지만, 매번 정상에 도달하기 직전에 바위는 다시 굴러떨어진다. 일을 생존 수단으로만 여긴다는 건, 시시포스의 고통스러운 상황과 다름없어 보인다.

현대사회에서 이와 비슷한 현상은 최근까지 유행했던 워라밸이라는 단어의 등장으로 설명할 수 있다. 일과 삶의 조화를 이룬다는 말이지만 이 말에는 숨겨진 뜻이 있다고 생각한다.

워라밸의 전제 조건은 일이 삶이 아니라는 것이다. 이는 일과 삶을 분리해서 보는 관점이다.

하지만 우리는 인생에서 자는 시간을 제외하면 일하면서 가장 많은 시간을 보내게 된다.

삶 전체의 만족감은 하루를 어떻게 얼마나 잘 보내는지에 따라 결정된다.

일하는 긴 시간 동안에 불행하다면 일이 끝나고 나서 밸런스를 맞추려고 하는 건 생각보다 쉽지 않을 것이다. 이런 사람일수록 일하며 받았던 고통을 소비를 통해 해소하는 경향이 커진다. 일하는 모든 순간마다 억압감과 무력감을 느끼기에 일 이외의 시간은 맘대로 소비하며 자유로움을 누리고 싶기 때문이다.

진정한 워라밸이란 **일과 삶을** 분리해서는 이루어지지 않는다. 일 안에서 삶의 의미를 찾아야 한다.

'타의에 의해서' 혹은 '해야 하기 때문에' 억지로 하다 보면 자연스럽게 회피하고 싶고 싫어하게 된다. 고등학교 시절, 공부에 전혀 뜻이 없는데 어쩔 수 없이 야자를 하는 것과 비슷하다. 그러다 보니 스트레스는 점점 쌓이고 결국 일을 안 하기 위해서 잘못된 목표를 설정하기도 한다.

많은 사람들이 돈을 많이 벌어서 일을 하지 않겠다는 목표를 정한다. 부자가 되어 한가하게 요트에서 와인을 마시는 휴양을 꿈꾼다. 돈만 많았으면 좋겠다는 목표를 정하다 보니 일확천금을 노리거나 로또가 되기를 기도한다. "돈만 있으면 일은 안 할 거야. 평생 놀기만 할 거야."라는 생각을 하게 된다.

세계적으로 돈이 많은 부자들은 일에 대해서 어떻게 생각할까? 워런 버핏, 빌 게이츠, 일론 머스크 같은 이들은 경제적 자유를 이룬 후에도 여전히 열심히 일한다. 그들에게 일은 단순히 돈을 벌기 위한 수단이 아니다. 개인적인 가치와 꿈을 현실화하는 과정이다.

세상을 바꾼 스티브 잡스도 이렇게 말했다. "훌륭한 일을 하는 유일한 방법은 당신이 하는 일을 사랑하는 것이다." 부자가 되기 위해서 일을 하는 것이 아니라 일을 사랑하다 보니 부가 따라왔다는 것이다.

일을 그만두기 위해서 억지로 일을 하며 부자가 되는 사람은 찾기 어렵다.

돈 때문에 억지로 일하고 있는 상상을 해 보자.

출근길에 어김없이 지하철에 몸을 실은 당신. 옆자리의 사람들은 피곤에 찌들어 있고, 그들 중 몇 명은 그저 오늘 하루를 어떻게 버틸지 생각하고 있다. 짜증 나는 상사와 지독한 클라이언트, 성장을 막는 시스템, 얍삽한 동료들과 여기저기 엮여 있는 정치 싸움이 기다리고 있다. 현장

직 중에서는 몸이 망가져 갈 정도의 육체노동을 감수해야 하는 경우도 있다. 그럼에도 불구하고 월급날만 기다리며, 이 모든 고통을 참아 내고 있다면, 이는 바로 현대판 '시시포스의 형벌'이 아닐까?

이 형벌을 벗어나기 위해 취미, 연애, 쇼핑, 독서, 운동, 명상 등을 해 보지만, 결국 근본적인 문제를 해결하지는 못한다. 이런 방식은 단기적인 해결책에 불과하다.

형벌에서 벗어나는 진짜 방법은 하나다.

아이덴티티에 맞는 일을 통해 세상에 가치를 만들어 내는 것. 자신의 일을 사랑하는 것이다.

세상의 모든 가치 있는 것들은 누군가의 일을 통해 만들어졌다. 자동차, 비행기, 고속도로, 높은 빌딩, 컴퓨터, 스마트폰 등 모든 것은 사람이 상상하고 능력을 발휘함으로써 만들어진 산물이다.

자신의 가치를 발견하고 이루어 가는 과정은 눈앞의 연봉 상승이나 좋은 조건의 이직과는 거리가 멀어 보일 수도 있다. 단기적인 목표가 아니라 장기적인 목표이기 때문이다. 멀리 보지 못하면 시작조차 하기가 어렵다. 듣다 보면 공감은 하지만 '그래서 뭘 어쩌라고?' 반감이 들거나 감조차 잡기 어려울 것이다. 그만큼 일에 대해서 단편적으로 생각하고 있다는 뜻이다.

다람쥐 쳇바퀴 같은 굴레에서 벗어나려면?
먼 길을 흔들리지 않고 차근차근 걸어가려면?

'누군가의 삶이 아닌 자신의 아이덴티티에 맞는 일을 선택하고 미래를 그려 가야 한다.' 이것이 자신을 이해하고 발견하는 것이고 주체적인 삶을 창조해 나가는 과정이다.

주체적인 삶의 과정은 수많은 변수 속에서 매일 같이 일을 하는 농사와 비슷하다. 이때 가장 중요한 것이 파종하는 작업이다.

*파종 : 작물의 번식에 쓰는 씨앗을 심는 것

씨를 뿌리기 위해 딱딱한 땅을 갈 때 구불구불 가지 않고 직선으로 고랑을 내는 노하우가 있다. 바로 눈앞의 땅만 보는 것이 아니라, 멀리 보면서 가는 것.

땅 밑을 보지 않고, 목표를 향해 집중하니 흔들림 없이 나아갈 수 있다. 더 멀리 보는 것이 형벌에서 벗어나는 시작이다.

늦었다고 포기하는 당신에게

내담자를 만나다 보면 시작도 해 보지 않고 이미 늦었다고 포기하는 분들을 많이 만나곤 한다.

하지만 당신이 이 책을 본능적으로 선택해서 읽고 있다면 변화하고 싶은 욕구 덕분에 수천 권의 책들 중에 이 책을 만나게 된 것이다. 나는 100%, 200% 그런 분들에게 전달되기를 바라면서 글을 썼다.

혹여나 마음 한편에서 너무 늦은 것은 아닐까 하는 두려움이 슬그머니 올라올 수 있다. 어떻게 아느냐고? 바로 내가 그런 걱정 인형이었기 때문이다.

어머니 병간호를 하며 호스피스 병동에 시한부 생활을 하시는 분들과 대화를 나누었던 적이 있다.

그분들에게 가장 후회되는 것이 무엇이냐고 물었다.

하고 싶은 것을 도전하지 못하는 것이라고 했다. 하고 싶은 일들을 포기했던 이유는 주변 환경과 시선 그리고 늦었다는 본인의 마음 때문이었다고 한다.

어떻게 해야 불안감을 줄일 수 있을까? 그 방법은 일 자체에 초점을 맞추는 것이다.

어떤 회사에 취업하는 게 목표가 되어선 안 된다. 그렇게 현실적인 것으로만 접근하면 오만가지의 걱정들로 인해 안 될 이유들만 나열하게 되고 시작조차 하지 못하게 될 수 있다.

우리는 '나'를 중심으로 내가 원하는 일에 초점을 두고 선택해야 한다. 외부적인 조건을 따지는 순간 벽에 부딪혀 포기하고 싶어진다.

주변을 한번 보자. 지금은 과거와 달리 환경의 변화와 의학의 발달로 나이가 들어도 육체적으로 건강한 사람들이 많다.

인생을 능동적으로 살아가는 사람과 은퇴 이후 TV만 보고 아무것도 하지 않는 사람 중 어느 쪽이 행복할 것 같은가?

은퇴하고 이제 편히 쉬겠다는 마음으로 지낸다고 해도 편한 건 길어야 1년이다. 그 이상 시간이 흐르면 급격한 우울감에 힘들어하는 분들이 굉장히 많다.
막상 일을 아예 안 하다 보니 세상에서 쓸모가 없어졌다는 생각에 빠져 몸도 마음도 병이 든다.

반면에 진짜 원하는 꿈을 생계나 자식을 위해 마음속 깊이 묻어 두었다가 은퇴 이후 새롭게 도전하는 사람들은 청춘처럼 생기 있고 열정적으로 제2의 삶을 살아간다.

늦었다는 생각이 더욱 의미가 없는 건 오히려 늦게 시작한 사람일수록 유리한 점도 있기 때문이다. 사회생활을 하며 쌓아 온 연륜이 바로 그것이다.

패기 있는 신입이 노하우를 가진 사람을 따라가지 못하듯이 인생을 살아온 경험들이 새로운 시작에서 현명하고 지혜롭게 갈 수 있게 도와준다.

늦은 나이에 공부하는 사람들이 더 깊이 깨닫고 이해하는 경우와 같다. 쌓아 온 백그라운드가 있기 때문에 하나를 배워도 더 쉽고 깊이 깨달을 수 있다.

한 내담자의 이야기를 들려주겠다.
(동의를 구해 허락을 받았다.)

30대 후반의 그는 어릴 때부터 테니스 선수가 목표였고 부상으로 올림픽의 꿈을 이루진 못했지만 꽤 유명한 테니스 강사가 되었다.
문득 일이 지겹고 재미가 없다고 느껴 다른 일을 하고 싶다며 찾아왔다.
이유는 테니스 레슨에 보람을 느끼지 못해서다. 가르치다 보니 한 사람의 실력이 오르는 데 너무 오랜 시간이 걸린다고 한다. 아무리 지도를 잘해도 개인의 연습량에 따라서 달라지기에 자신의 코칭이 빛이 나지 않는 것이 어려운 점이라고 했다.

선수 생활에는 노력한 만큼 결과가 보이는 게 좋아서 더 노력했는데 레슨을 시작하고 나서는 점점 게을러지고 대충 하는 자신이 싫었다고 했다.

성취감이 떨어지다 보니 가르치는 일이 지루하고 답답하다고 호소했다.

상담 이후 그는 인테리어 실내디자인 일을 해 보기로 했다.

차근히 준비해서 인테리어 회사를 다니기 시작했다. 일을 하다 보니 신입으로 시작했지만 경력직보다 더 유리한 점들이 의외로 많았다.

레슨하면서 쌓였던 코칭 스킬과 고객 상담 스킬이 있다 보니 고객들과의 소통을 잘할 수 있었다. 테니스를 좋아하는 고객들의 전폭적인 지지를 받아 신입이지만 압도적인 결과를 통해서 초고속 승진을 하게 되었다.

그의 이야기에서 진짜 짬에서 나오는 바이브를 느낄 수 있었다.

이것을 잘 보여 주는 영화 〈인턴〉의 남자주인공 로버트 드 니로가 하는 대사다.

> 경험은 절대 늦지 않아요. 경험은 결코 시대에 뒤떨어지지 않아요.
> Experience never gets old. Experience never goes out of style.

당신이 쌓아 온 능력과 경험들이 진짜 업과 만나서 어우러지면 엄청난 시너지를 낼 수 있다.

한 가지 일로 평생 먹고사는 시대는 끝이 났다. 아마 지금 초등학생들이 성인이 되었을 때 "예전에는 한 가지 직업으로 30년이나 일했단다."라고 하면 깜짝 놀랄 수 있다.

정주영 회장은 40대 중반에 현대건설을 창립했다.

레이 크록은 종이컵 판매원과 밀크셰이크 세일즈맨으로 일했었다. 그러다 52세에 맥도날드를 인수하여 오늘날 세계 최대의 패스트푸드 체인으로 성장시켰다.

킹 캠프 질레트는 "때때로 최상의 아이디어들은 가장 단순한 것들이다."라며 48세에 일회용 면도기 아이디어를 떠올려 질레트 면도기를 개발해 회사를 설립했다.

세계적인 게임 회사 전무 미야모토 시게루는 30대 후반에 비디오 게임 디자이너로 경력을 시작했으며, 이후 '슈퍼 마리오'와 '젤다의 전설' 시리즈를 개발하여 세계적인 큰 성공을 거두었다.

누구든 내가 진정 원하는 일을 찾았다면 그때가 최적의 타이밍이다. 늦었다고 생각하는 건 절대적인 것이 아니라 상대적인 마음이다.

30살이면 30살에 시작하면 되고 60살이면 60살에 시작하면 되는 것이다. 시기에 대한 판단은 접어 두고 일단 시작해 보자.

요리를 먹을 때 셰프의 나이를 따지지 않는 것처럼,

미용실에서 머리를 할 때 헤어 디자이너의 나이를 따지지 않는 것처럼,

유튜브에서 재밌는 콘텐츠를 소비할 때 창작자의 나이를 따지지 않는 것처럼,

꿈을 이루는 것에 나이는 숫자에 불과하다.

기회가 열려 있는 세상에 나를 던져 보자.

제2장

아이덴티티 워커의 내면 알고리즘

내면 알고리즘: 무의식적으로 행동하게 하는 마음의 항해 장치.

나를 잃어버린 사람들

 영화 〈화차〉에서 여자 주인공 선영(김민희)은 자신의 비참한 삶에 절망해 남의 인생을 훔치기로 결심한다. 훔친 인생으로 남자 친구 문호(이선균)를 만나 결혼도 약속하게 된다. 하지만 문호는 이 사실을 모두 알게 되고, 선영에게 마지막으로 말한다. "너로 살아." 선영은 떠나면서 이 말을 되뇐다.

 이 장면은 많은 사람들에게 깊은 인상을 남겼다.

 하지만, 선영은 아마 속으로 이렇게 생각했을 것이다. '나로 산다는 게 말처럼 쉬운 줄 알아?'

이 영화는 다소 극단적이지만, 우리 중 얼마나 많은 사람들이 '나'로 살고 있는지 생각하게 한다. 왜 우리는 '나'로 살지 못할까?

대다수 성인은 자신이 무언가를 이룰 수 있다고 믿지 않기 때문에 원하는 삶을 꿈꾸지도, 이루려 하지도 않는다. 축구를 못한다고 믿으면서 축구 선수를 꿈꾸는 사람이 없고, 노래를 못한다고 믿으면서 가수를 꿈꾸는 사람이 없듯이, 자신의 타고난 재능을 믿지 않으면 '아이덴티티 워커'를 꿈꿀 수 없다.

그런데 왜 우리는 타고난 재능을 믿지 못하게 되었을까?
정보가 넘쳐 나는 시대이니만큼 작은 것 하나를 사더라도 이것저것 따져 보고 효율적인 선택을 한다.
그러나 이런 신중함이 오히려 도전하지 못하게 만든다. 리스크를 지고 싶지 않은 마음이 도전을 방해하는 것이다.
이런 현상은 개인만의 문제가 아니라고 본다.

초중고 가장 중요한 시기에 개인의 잠재력을 믿는 것은 사치이며, 시스템에서 벗어나는 것은 패배자라 느끼도록 교육받았다.

저성장 시대의 대다수의 청년들이 자신도 모르게 건물주를 꿈꾸고, 100억 부자를 부러워하며 현재의 자신을 불행하게 느끼며 살아가는 것은 우연이 아니다.

이런 현상을 잘 보여 주는 실험이 있다. 런던 비즈니스 스쿨의 게리 해멀 교수와 미시간 경영대학원의 C.K. 프라할라드 교수가 공저한 《시대를 앞서는 미래경쟁전략》에 나오는 '원숭이 바나나 실험'이다.

원숭이 5마리를 모아 놓고 사다리 위에 바나나를 올려놓는다. 사다리를 오르면 맛있는 바나나를 먹을 수 있지만, 누군가 바나나를 잡는 순간 나머지는 차가운 물이 뿌려지도록 설계되어 있다. 원숭이들은 물 맞는 것을 정말 싫어한다고 한다. 그래서 차가운 물을 맞은 원숭이들은 바나나를 먹으려는 시도를 포기한다.

이때 새로운 원숭이를 투입한다. 새로 들어온 원숭이는 바나나를 보고 사다리를 오르려 하지만, 나머지 4마리는 그를 공격한다. 왜냐하면 과거에 바나나를 먹으려다 물을 맞았던 경험이 너무 싫었기 때문이다. 이유도 모른 채 억울하게 구타당한 원숭이도 결국 바나나를 포기한다.

이 과정을 계속 반복하면 아무도 바나나를 먹으려 하지 않는다. 왜 바나나를 먹으면 안 되는지 이유도 모른 채 물을 한 번도 경험하지 않은 원숭이들조차 바나나를 두려워하게 된 것이다.

우리는 실험실 원숭이처럼 사회가 정한 '룰'을 아무런 의문 없이 따르고 있지는 않은가? 좋은 대학에 가지 못했다고 삶을 포기하기를 택하는 아이들이 생기는 것은 이러한 시스템이 만든 결과다. 학벌이 분명 중요하긴 하지만 인생 전체를 좌지우지하지는 않는다.

그보다 중요한 것은 '무슨 일을 하고 있는지' '당신이 어떤 능력이 있는지'가 중요하다. 사회생활을 하면서 여전히 학벌주의에 빠져 있는 사람과는 멀리하는 것이 좋을 것이다. 10대 때는 학벌이 다른 것보다 우위에 있는 가치라 느낄 수 있다.

그러나 살다 보면 세상에는 수많은 가치들이 존재한다는 것을 깨닫게 된다. 결국 모든 학생들이 같은 길을 정답이라 믿게 가르치는 것이 가장 큰 문제라는 것이다.

나 역시 좋은 대학만이 인생의 정답이라고 믿었기에, 학창 시절 모의고사를 치르고 채점할 때 빨간 줄 하나하나가 칼날처럼 느껴지곤 했다. 정답만 달달 외운 우리가 성인이 된 후 '멘붕'이 오는 이유는 확실하다.

성인이 되는 순간 수많은 선택의 자유를 마주하게 되기 때문이다.

그런 판단이 힘들기에 나이가 들어 감에 따라 "세상은 원래 그런 것이다." 같은 말들을 쉽게 받아들이고 믿게 된다.

깨달아야 하는 것은 실험실 속 원숭이가 실은 우리의 모습일 수도 있다는 점이다. 영문도 모르고 사다리를 오르는 일을 포기한 원숭이처럼 우리도 우리의 꿈이나 목표를 자연스럽게 포기하고 있다.

바나나를 얻기 위해 올라가다 비를 맞은 원숭이처럼 어른이 되어 간다는 이유로 누군가가 만든 세상 안에서 원인도 모른 채 그저 따라가고 있다.

유행을 따라 옷을 사는 것처럼 많은 사람들이 좋다는 것이 내가 좋은 이유가 된다.

그러나 이러한 모든 생각들조차 우리와 같은 사람이 만들었다는 것이다. 누군가가 만들었다는 것은 당신도 할 수 있다는 것이다. 이것을 깊이 이해하게 된다면 제한된 삶이 아니라 무한한 가능성이 있는 삶을 살 수 있다. 이것을 알지 못한다면 원숭이들처럼 영원히 통제된 세상에 갇혀 있게 될 것이다.

이런 현상은 공부하는 아이들에게만 일어나는 게 아니다. 최근 바둑 프로로 일하는 친구와의 대화에서 비슷한 현상을 알게 되었다.

과거에는 스승님께 바둑을 배우다 보니 바둑 이외의 삶에 대한 지혜와 생각들을 같이 배웠다고 한다. 바둑만 잘하는 것이 아니라 인생을 잘 살아가는 교육도 병행이 되었다.

프로바둑기사가 되는 확률은 0.01%밖에 되지 않기에, 프로가 되지 못한 많은 아이들이 다른 삶을 꿈꾸고 살아갈 수 있도록 하는 것이 스승의 역할이었기 때문이다. 하지만 최근에는 AI가 발달되면서 효율적으로 바둑을 가르치는 프로그램이 많이 생겼다고 한다.

그래서 바둑을 사람이 아닌 프로그램으로만 배우는 아이들이 늘어났다고 한다. 효율적이기 때문에 시스템화시킨 것이다.

하지만 문제는 바둑이라는 규칙과 정답만 배운 아이들이 바둑 외의 다른 영역에서 아무것도 배우지 못한다는 것이다. 스승이 아닌 바둑 프로그램으로는 인생을 살아가는 지혜나 대인관계에 대해서 배우지 못한다.

그러다 보니 바둑 외의 문제나 결정에 대해서 어려워하고 힘들어한다는 것이다. 성인이 되어서도 나이만 먹었지 생각이 자라지 않아 '바둑만 질 두는 아이' 같다는 것이다.

효율과 결과만 추구하며 아이들을 바둑 이외의 것은 아무것도 못 하는 기계로 만들고 있는 셈이다.

점수로 학생들을 판단하는 우리나라 교육 방식이 예체능에도 그대로 적용되어 간다는 것이 마음이 좋지 않았다.

아이덴티티 워커를 꿈꾼다면, 지금까지 어쩌면 나도 모르게 주입되었던 세상의 잣대를 내려놓고 봐야 한다. 사회가 정한 기준에 따라 자신을 평가하는 대신, 있는 그대로의 자신을 발견하고 그 본질에 집중해 보자. 진정한 나를 찾는 과정에서 당신은 더욱 강하고 자유로운 자신을 만나게 될 것이다.

잠재력은 어떻게 작동할까?

하버드대학 심리학자인 로젠탈은 샌프란시스코의 학교장이었던 레노어 제이콥슨과 함께 어휘력과 추론 능력을 측정하는 인지 능력 평가를 실시했다.

시험 결과 상위 20%의 영재 그룹 명단을 교사에게 전달하며, "지금 당장 차이가 보이지 않더라도 1년 후 이 그룹은 엄청난 성장이 있을 겁니다."라고 말했다. 실제로 1년 후, 이 그룹에 속한 아이들은 다른 아이들보다 더 높은 점수를 받았고, 아이큐도 더 많이 올랐다.

여기엔 숨겨진 트릭이 있었다.

사실, 이 20%의 학생들은 시험에서 높은 점수를 받은 게 아니라 무작위로 뽑은 아이들이었다. 왜 이런 결과가 나왔을까? 교사가 아이들의 잠재력을 믿어 주었기 때문이다.

잠재력은 믿음을 통해 작동한다. 스스로 잠재력이 있다고 믿어야 진정한 성장이 가능하다. 그러나 성인이 되면 주변에 믿어 주는 사람들이 점점 사라진다. 그 믿음이 없으면 누군가가 지지해 주더라도 상황이 바뀌거나 위기가 오면 마음이 쉽게 꺾인다.

멋진 성과를 내고도 여전히 불안해하고 두려워하는 경우가 의외로 많다. 외부적 조건이 나의 믿음의 시작이 될 수는 있지만, 그것을 유지해 주지는 않기 때문이다.

외부에서 오는 믿음이 아닌
스스로가 조건 없이 자신을 믿는 믿음을 가지는 것이
무엇보다 중요하다.

자신을 믿는 것이
당신의 잠재력을 일깨워 주는 시작이다.

예능 프로그램 〈도시어부〉에서 낚시에 진심인 사람들은 "대어를 잡을 거야!"라는 믿음을 가지고 있다. 한 출연자는 자신을 용왕의 아들이라고 부르기도 한다. 18시간 동안 한 마리를 잡지 못해도 계속해서 던지고 또 던지고 또 던진다. 자신이 용왕의 아들이라고 믿기 때문이다. 자리도 바꾸고 시간도 바꾸고 밤을 새우며 시도하지만 결국 한 마리도 못 잡고 끝나기도 한다. 그렇다고 포기하지 않는다. 다음 날이 되면 전날의 실패는 온데간데없이 "이번에는 반드시 잡는다."라는 마음으로 최선을 다해 낚싯대를 던진다. 언젠가는 잡을 거라는 믿음이 있기에 가능한 것이다.

퍼스널커리어 전문가로서 활동을 시작했을 때, 몇 달 동안은 아무도 찾아오지 않았다. 지금 생각해 보면 당연한 결과였다. 알지도 못하는 사람에게 성인진로상담을 받는다고?

맞다. 그때 난 정말 무모했다.

사무실은 어땠을까?

상담을 하기엔 최악의 건물이었다. 엘리베이터도 없는 4층 사무실 심지어 인력사무소와 같이 쓰는 건물에 있었다. 일용직 분들의 일자리를 알선해 주는 곳이라 그분들이 일 끝나고 건물로 돌아오면 온몸에 흙과 먼지들이 있다 보니 흙투성이 계단이 되었다. 그러한 계단을 올라와야 상담실이었다. 지하에는 노래방이 있었기에 오후 시간이 되면 소음으로 건물 전체가 쿵쿵거리기 일쑤였다. 상담하러 오는 것 자체가 기적이었다. 누군가는 용기 있는 선택이라고 했지만 실상은 무모했고 무식한 선택이었다.

사무실 올라오는 계단, 처음 사무실 차린 상가 건물

그럼에도 불구하고 도전할 수 있었던 이유는 하나였다. 잠재력에 대한 100% 믿음이 있었다. 남들은 "네가 뭐가 된다고 생각해?"라고 말했지만, 흔들리지 않았다.

나는 신이 유일하게 공평하게 준 것은 각자만의 잠재력이라고 믿었다.

능력을 믿는 사람도 진실을 말하는 것이고, 능력이 없다고 말하는 사람도 진실을 말하는 것이다. 어떤 진실을 선택할지는 개인에게 달려 있다.

예를 들어 연인이 떠날까 봐 초조한 사람은 상대방이 매 순간 연락하더라도 불안과 의심을 지울 수 없다.

믿음은 외부에서 오는 것이 아니라 내 안에서 발생하는 것이기 때문이다.

누구도 믿어 주지 않는 사회에서 자신마저 스스로를 믿지 못한다면 자신만의 길을 걷는다는 건 불가능에 가깝다.

 누군가는 평생직장을 그만둔 나를 이해하지 못하고, 왜 그런 선택을 했느냐며 손가락질을 했다. 세상의 무서움을 모른다며 호되게 당해 봐야 한다고 수군거리는 이들도 있었다.

 모두가 반대하는 바보 같은 길을 먼저 걸어온 당사자로서 꼭 전하고 싶은 말이 있다.

당신 안에 있는 잠재력을 믿어라.

믿기 시작하면, 그동안 들리지 않았던 것이 들리고, 보이지 않던 것이 보이기 시작할 것이다. 당신의 가능성은 본인이 상상하는 것보다 훨씬 크고, 그 잠재력을 믿는 순간, 새로운 세상과 조우하게 될 것이다.

필수 내면 알고리즘

(1) 미래에 대한 기대

아이덴티티 워커가 되기 위해서는 익숙한 길에서 벗어나야 한다. 그 순간, 마음속에서 어떤 목소리가 들릴까? 가보지 않은 길을 가겠다고 마음먹는 순간, 부정적인 목소리가 시끄럽게 들릴 것이다. "그냥 가만히 있어! 실패하는 것보다는 숨만 쉬고 있는 게 낫잖아!"라고 말이다.

미래가 보이지 않는 도전의 순간은 늘 고통스럽고 두렵다. 이것을 이겨 내는 힘은 바로 긍정적인 미래를 기대하는 마음이다.

짝사랑하던 이성에게 고백할 용기를 낼 수 있는 것도 그 사람과 알콩달콩 사랑할 미래를 기대하기 때문이다. "100% 차일 거야!"라는 확신을 가지고 고백하는 사람은 없을 것이다.

행복한 기대감은 새로운 길을 선택하는 두려움을 이겨 낼 수 있는 힘이 된다.

하지만 많은 사람들이 미래를 꿈꾸면서도 포기하는 이유는 현실적인 두려움에서 벗어나지 못하기 때문이다.

실패하면 어쩌지?
시간 낭비가 되면 어떻게 하지?

끝이 보이지 않는 터널에 서 있는 것처럼, 한 줄기 빛이 보이지 않는 어둠이 우리를 움직이지 못하게 막아선다. 하지만 이런 두려움은 진실된 마음이 아니다.

(2) 욕망의 주인은 나

톨스토이의 소설 《이반 일리치의 죽음》에서 보면, 이반 일리치는 성공한 정부 관료였던 아버지 밑에서 자라 법대를 졸업하고, 예심판사가 된다. 예의 바르고 일 처리 능력도 좋아 많은 사람들에게 인정받으며, 프라스코비야 페도로브나와 결혼해 행복한 생활을 이어 간다. 하지만 인테리어를 하다 옆구리를 다치게 된다. 병세는 점점 악화되어 갑작스러운 죽음을 맞이한다. 마지막 순간에 삶을 되돌아보며 자신의 인생이 철저하게 남에게 휘둘리며 살았음을 알게 된다.

일리치는 삶의 동력이 자기가 원한 것이 아닌, 타인이 심어 놓은 것들이었음을 깨닫는다. 사회적 시선, 직책, 의무 등 모든 것들을 성실하게 지키려 노력했던 자신이 무의미하게 느껴진다. 그동안 생각지도 못했던 진실을 죽음 앞에서야 보게 된 것이다.

프랑스의 정신분석학자 라캉은 "인간은 타인의 욕망을 욕망한다."라고 말했다. 누군가의 기대와 사회적 시선을 자신의 욕망으로 착각하는 것이 인간이라는 것이다.

타인의 욕망이 아니라 진정한 자신의 욕망을 아는 사람은 미래에 대한 기대감으로 가득 차 있다.

애니메이션 〈원피스〉의 주인공 루피는 아무것도 가진 것 없이도 세계 최고 해적왕이 되겠다는 꿈을 품고, 끊임없이 앞으로 나아간다. 어떤 어려움과 환경이 닥쳐도, 수많은 사람들이 비웃고 공격해도 그는 결코 꺾이지 않는다. 왜냐하면 루피는 자신의 욕망을 누구보다 솔직하게 이해하고, 그것을 진심으로 원했기 때문이다.

우리 내면세계의 알고리즘이 제대로 작동하고 폭발적인 힘을 발휘하려면, 깊이 숨겨진 자신만의 욕망을 지시해야 한다. 그 순수한 욕망은 당신이 원하는 삶을 향해 흔들림 없이 나아가게 하는 나침반이 되어 줄 것이다. 자신이 진정으로 원하는 것이 무엇인지 깨달을 때, 그 방향을 따르는 삶이 시작된다.

* 액션 플랜

책을 읽기만 하는 것은 도움이 되지 않는다. 실행할 수 있는 액션 플랜들을 꼭 하나씩 해 보면서 깨달아 가기를 추천한다.

① 빈 종이에 내가 되고 싶은 모습을 그려 보자.

이 모습은 사람이 아니어도 상관없다. 어떠한 조건의 제약 없이 모든 것이 다 가능한 상태라는 전제하에서 말이다.

Tip. 되도록 아침에 하는 것을 추천한다. 잠에서 깬 지 얼마 되지 않았을 때가 무의식이 잘 드러나는 상태이기 때문이다.

② 왜 되고 싶은지도 자세하게 적어 보자.

욕망이란 걸 처음 꺼내서 상상하고 기대해 보는 것이, 어떤 상황에서도 흔들리지 않게 해 주는 든든한 '앵커'가 될 것이다.

마치 바다 한가운데서 길 잃은 작은 돛단배도, 닻만 잘 내리면 아슬아슬하게 흔들려도 뒤집히지 않고 잘 버틸 수 있는 것처럼 말이다. 그러니까 욕망을 딱 잡고 항해를 시작하길 바란다! 결국 인생의 '캡틴'이 되려면 목표부터 확실히 해야 하기 때문이다.

닻 내리고 출발 준비 끝!

성공을 방해하는 내면 알고리즘

성공을 위해서 꼭 필요한 알고리즘이 있는 것처럼, 어렵고 괴롭게 만드는 불필요한 알고리즘도 존재한다.

아이덴티티 워커가 되기를 포기했던 많은 사람들이 가지고 있던 공통적인 마음이 있다.

(1) 완벽주의라는 허상

"계획이 완벽하지 않으면 시작하지 못하겠어요."
"결과가 눈에 보여야 시작할 수 있어요."
"너무 완벽주의라서 그런 것 같아요."

움직이지 않으면서 안 되는 이유만 줄줄이 늘어놓는 사람들이 있다. 해야 되는 것은 알지만 미루고 또 미루다가 이내 포기한다.

시험 기간만 되면 안 하던 방 청소를 하고 새로운 필기구도 구입하고 시험 계획을 세우느라 결국 공부를 하지 못하는 학생과 같다.

하나같이 준비가 완벽해야 시작할 수 있다고 말한다. 하지만 이런저런 핑계만 대다가 시작조차 하지 못하는 사람은 사실 완벽주의가 아니라 게으른 사람일 가능성이 높다.

진짜는 생각만 하지 않는다. 부족하지만 투두 리스트(to do list)를 통해 삶을 보완해 가는 사람이 진정한 완벽주의자이다.

"사소한 거라도 빗나가면 포기하고 싶어져요."
"준비가 100%가 되어야 시작할 수 있는 사람이에요."

이들은 완벽하게 하고 싶다는 마음보다는 하고 싶지 않다는 마음이 훨씬 큰 경우가 많다. 계획을 세우고 있으면 무언가를 하고 있다는 생각이 들고 성장하고 있다는 착각에 빠지기 때문이다. 더욱이 실행하지 않았기에 실패를 마주할 일도 없다.

나는 이런 사람들을 '계획 유령'이라고 부른다.

유령은 실체가 없기 때문이다. 계획은 계획일 뿐이다. 그 자체는 아무 힘이 없다.

최근 유튜브에서 자기 계발과 돈 버는 방법에 대한 영상이 수많은 사람에게 관심을 받고 있다.

하지만 그만큼 도움을 받고 인생을 변화시키거나 부자가 된 사람들이 얼마나 있을까?

계획 유령들에게는 마음을 만족시키는 콘텐츠들이었겠지만 그들의 실제 인생은 조금도 변화가 일어나지 않았을 것이다.

졸업은 했지만 일을 할 생각 없이 동기부여에만 빠져 사는 아들이 걱정되어 찾아오신 분이 있었다. 부자가 될 거라며 방에 틀어박혀 동기부여 영상에 빠져 지내는 모양이다. 미라클 모닝, 찬물 샤워, 꿈 100번 쓰기, 운동, 책 읽기, 자기 확언 등을 하면서 말이다. 열심히 사는 것 같고 세상을 이길 것 같은 마음도 들 것이다.

　일찍 일어나기, 운동, 찬물 샤워, 독서, 목표 적기를 하는 행위 자체가 나쁘다는 게 아니다. 앞의 모든 행위들은 정확한 방향으로 나아가기 위한 방법이지 목적 자체가 아니다. 건강 관리를 위해 운동을 하는 것이지 건강해진다고 해서 성공이 따라오는 것이 아니다.

　방향성에 맞는 구체적인 실행이 따라와 주지 않으면 모든 것이 무의미하다. 계획은 계획일 뿐이다.

　다이어트를 하고 싶다며 세계적인 모델 사진을 보며 다짐만 한다면 천년이 가도 몸매는 변하지 않을 것이다.

지금 해야 할 것은 차근차근 실행해 나가는 것이다. 실체 있는 행동을 하는 것이 허상에서 벗어나는 유일한 길이다.

(2) 실패는 없다, 포기하지 않는다면!

우리 마음속에는 실패라는 절대적 기준이 자리 잡고 있다. 그렇기에 도전과 시도의 결과가 그 기준에 미치지 못하면 패배자로 정의한다.

나는 개인적인 삶에 실패란 존재하지 않는다고 본다.
"이게 무슨 말이야?"라고 여길 분이 있을 것이라고 생각한다.

예시를 보자.

시험을 본다.
100점을 맞지 못했다.
이건 실패일까?

실패일 수도 있고 아닐 수도 있다. 결국 결과는 개인이 어떻게 받아들이느냐에 따라 달라지기 때문이다.

애석하게도 진로를 정하지 못해 방황하는 분들을 만나면 이미 실패했다고 굳게 믿는 경우를 많이 본다. 원하는 대학과 좋은 직장을 가지 못했다고 낙담한다.
현재의 위치로 자신을 정의하는 것이다.

조던 피터슨 교수는 그의 저서 《12가지 인생의 법칙》에서 이런 현상을 가재에 비유해 알맞게 설명했다.

바닷가재의 생존 방식은 특이하게도 인간과 비슷한 점이 많다. 얼마 안 되는 좋은 보금자리를 차지하기 위해 끊임없이 경쟁한다. 그들의 마음속에는 승패를 결정하고자 하는 본능이 생기게 된다.

승리한 가재의 몸에는 세로토닌 호르몬이 증가한다. 세로토닌의 증가로 인해 자신감이 넘치게 되고 몸이 유연해져서 다음 싸움에서도 유리한 위치를 점한다.

반면 싸움에서 패배한 가재는 옥토파민이라는 호르몬의 수치가 상승하여, 이후에는 싸움을 피하고 수동적으로 행동하게 된다.

"바닷가재의 단순한 뇌와 신경계에서도 사회적 지위와 계급에 대한 정보를 처리하는 신경 화학이 작동하고 있었고, 지금까지 이어지고 있다."
- 《12가지 인생의 법칙》, 조던 피터슨

인류는 오랜 역사 동안 제한된 자원을 차지하기 위해 끊임없는 경쟁을 해 왔다. 이로 인해 승자와 패자를 나누는 사고방식이 무의식적으로 자리 잡았고, 사람들은 자신을 특정 계급이나 사회적 지위와 동일시하게 되었다. 예를 들어, 학벌이나 직장의 규모 그리고 회사 내에서의 직급이 곧 자신의 가치를 나타내는 것처럼 느끼게 된다. 이러한 경쟁 구도에서 반복적인 실패를 경험할 때마다 사람들은 점차 자신감을 잃고, 수동적인 삶을 살아가게 된다.

스스로 패배자라고 인식하고 아무것도 할 수 없다고 낙담하게 되는 것이다.

하지만 현대사회는 더 이상 승자가 독식하는 시대가 아니다. 생산성과 기술의 발달로 다종다양한 기회가 생기게 되었다. 따라서 개인의 가치에 집중하는 것이 필요하다. 자신만의 길을 걷는 것에는 성공을 향해 가는 과정만 있을 뿐이다.

> "나는 9,000번 이상의 슛을 놓쳤고, 300경기에서 졌다. 26번의 승부를 결정짓는 마지막 슛을 놓쳤다. 나는 계속해서 실패했다. 그래서 나는 성공할 수 있었다."
> – 마이클 조던

이것이 가능한 이유는 우리 모두 무한한 가능성을 가지고 있는 유일한 존재이기 때문이다.

그냥 위로하기 위해 "넌 있는 그대로 가치가 있다."라는 말을 하는 것이 절대 아니다. 갈고닦아 가치를 만들어 낼 무언가를 누구나 가지고 있다는 뜻이다. 비록 사회적 기준에 또는 스스로가 상상하는 기준에 못 미칠 순 있어도 능력조차 없는 사람은 없다. 개인의 인생에 실패가 없는 이유이다.

차은우가 잘생겨서 내가 못생긴 게 아니고,
메시가 축구를 잘해서 내가 축구를 못하는 게 아니다.

카리나가 예뻐서 내가 못생긴 게 아니고,
아이유가 노래를 잘해서 내가 가수를 하지 못하는 게 아니다.

성공의 정의는 타인에게서 찾지 말고 철저하게 개인의 영역에서 정의해야 한다.

상대방의 것을 빼앗거나 폄하한다고 해서 내 가치가 올라가는 것이 아니다.

무한한 가치를 만들어 낼 수 있는 현대사회에서는 멧돼지 하나 잡아서 온 마을이 나눠 먹고, 이웃 마을과 전쟁을 하는 생존 시대의 사고방식에서 벗어날 필요가 있다.

노벨문학상 수상자 모리스 마테를링크(Maurice Maeterlinck)는 "자연의 모든 것은 서로 연결되어 있으며, 그 안에서 우리는 우리의 존재 이유를 발견할 수 있다."라고 했다.

자연계는 약육강식의 세계로 매일같이 벌어지는 경쟁과 격렬한 싸움이 가득하다. 그래서 소수의 힘센 놈들만 생존하는 경쟁사회 같다. 하지만 아이러니하게도 자연에는 여전히 수많은 생물이 연결되어 살고 있다.

자연계라는 거대한 무대 안에서 수많은 생물들이 각자의 독특한 특성과 방식으로 생존하며, 각기 다른 역할을 충실히 수행하고 있다. 사실 각 생물은 경쟁이 아닌 자신만의 타고남을 통해 살아간다. 어떤 생물은 다른 생물과 비교하면 한없이 약해 보이고 어떤 면에서는 하찮아 보이기도 한다. 하지만 어떤 환경에서는 그들만의 타고남에 따라 누구보다 생존에 유리한 독보적인 존재가 된다.

생물학자들은 지구상에 존재하는 생물 종의 총수를 500만에서 1천만 종으로 추정한다. 이는 곧 500만 개 이상의 성공 방식이 존재한다는 뜻이다. 즉, 각자 방식대로 잘하는 영역이 수백만 가지가 넘는다는 것이다. 개체마다 자신의 강점을 발휘해 생존하는 것이 자연계의 법칙이다.

고유한 당신이 모여, 위대한 우리가 된다

경쟁으로 성장해 온 인류 세계는 자세히 들여다보면 각자의 고유한 특성과 강점을 발휘하며 발전해 왔다.

예리한 시력을 가진 사람이 먹잇감을 발견하고, 달리기가 빠른 사람은 정찰을 맡았으며, 힘이 센 사람은 사냥을 책임진다. 물을 좋아하는 사람은 물고기를 잡기 위해 강으로 뛰어든다. 가져온 식재료로 요리를 잘하는 사람은 맛있게 조리하고, 누군가는 아이와 노인을 돌본다. 예술가들은 작품을 만들어 즐거움을 주며 치료사는 아픈 사람을 고쳐주고 종교인은 사람들의 정신적 안정을 위해 기도한다. 각자의 강점을 존중하고 최대한 발휘하여 공동의 목표를 이루었다. 덕분에 인간 사회는 오늘날의 번영을 이루었다.

모두가 같은 방식만을 추구해 왔다면 지금의 세상은 없었을 것이다. 서로의 고유함을 존중해야 누구나 행복하게 일하며 세상도 발전할 수 있다.

아이덴티티 워커로 살아가는 것은 누군가의 기준으로 비교하고 성공과 실패를 나누는 것이 아니다.

당신만의 영역을 찾아 아이덴티티 워커로의 길을 걷는 것은 자신만의 성공을 이루어 가는 것이다.

기억하자.

성공을 위해 나아가는 모든 인생에는 실패란 존재하지 않는다. 우리가 끝까지 나아가기를 선택해야 하는 이유이다.

제3장

아이덴티티 워커가 되는 5단계

1단계 파인드 아이덴티티
2단계 코스트 트레이닝
3단계 리얼 서바이벌
4단계 스페셜 캐릭터
5단계 퍼펙트 아이덴티티 워커

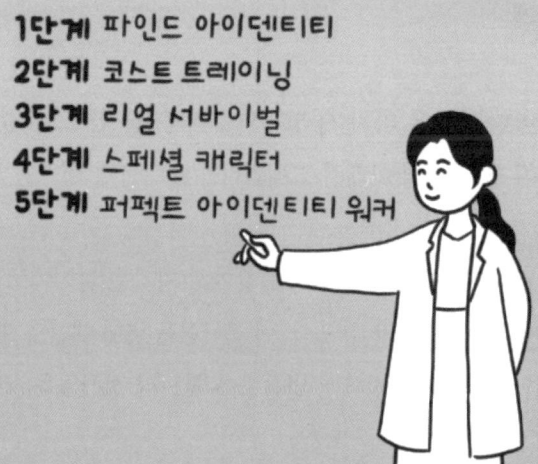

1단계
파인드 아이덴티티

(1) 아이덴티티란?

1단계는 자신의 타고난 재능을 찾고 정체성을 정의하는 단계다.

어떤 사람은 마치 사막의 낙타처럼, 물 한 모금 없이도 하루 종일 햇볕 아래서 끄떡없다.

반대로, 어떤 이는 북극곰 같아서 차가운 날씨에도 패딩 한 장 없이도 견딜 수 있다. 이 북극곰을 열대 해변에 데려가면? 아마 모래사장에서 얼음물을 찾느라 정신없을 것이다.

타고난 재능을 찾는다는 것은 자신만의 슈퍼파워를 발견하는 것과 같다. 마치 어벤져스의 영웅들이 각기 능력이 다른 것처럼 말이다.

이것을 찾기 위해선 본래의 자신은 누구인지, 무엇을 잘하고 무엇을 좋아하는지 알아야 한다.

만들어진 자신이 아닌 진짜 나의 아이덴티티를 정립하는 것이다. 이것은 본래부터 타고난 방향성을 발견하는 것이고 나만의 영웅의 서사를 만들어 가는 시작점이다.

1단계에서 정체성을 정립하지 않은 채 유망하다는 직업 또는 지금까지 쌓아 온 전공이나 일한 경력대로 선택하는 건 아이덴티티 워커와는 반대되는 길이다. 정체성의 정립을 위해서 가장 먼저 해야 되는 것은 일에 대한 선입견과 편견에 물들지 않는 진짜 자신의 본심을 직면하는 것이다.

내담자와의 본격적인 상담을 진행하기 전에 인터뷰를 진행한다. 질문을 던지고 대답하는 과정에서 내면 깊숙이 있는 자신을 발견하도록 돕는다. 이 과정을 통해 자신도 모르는 본심들을 발견하다 보면 처음 고민했던 사실과 전혀 다르다는 것을 깨닫곤 한다.

사실은 누군가에게 인정받고 싶었던 것 같아요.
사실은 좋아하는 척했던 거 같아요.
사실은 무서워서 회피했던 것 같아요.

자신에 대한 깊은 고찰 없이 살아가다 보면 자연스럽게 사회화된 모습만 남는다. 찾으려고 해도 본심이 무엇이었는지 알 수 없게 된다.

야생 오리와 집오리는 태생적으로 같은 종이다. 집오리는 원래 모습을 잃어버린 상태가 되었기에 '날개는 그냥 몸에 달린 장식품일 뿐이야!'라고 생각한다.

반면 야생 오리는 본래 타고난 대로 하늘을 가르며 자유롭게 날아다닌다. 집오리는 '뛰어다니는 게 더 편해.'라고 스스로를 위안한다. 날개를 쓰지 않다 보니, 하늘을 나는 꿈은커녕, 무거운 짐 덩어리가 되어 버렸다. 나의 최고 무기가 최고 리스크로 전락한 셈이다.

빠르게 변하는 현실에 적응하느라 자신을 던져 버린 현대인들의 모습은 마치 '날기는 귀찮아!'라고 생각하는 집오리와 닮아 있다. 진짜 나를 직면하는 시도가 필요하다. 그렇지 않으면, 우리도 집오리처럼 '이게 내 전부야!'라고 착각하며 평생 땅만 보고 살아가게 될지도 모른다.

자신의 얼굴을 보기 위해서 거울이 필요하듯이 본심을 투명하게 비춰 주는 상담 도구나 전문가를 통해서 발견하는 것도 유효한 방법이다.

이 책을 읽으면서 스스로 자문자답할 수 있게 액션 플랜을 제공하는 이유이기도 하다.

영국에서는 1960년대 '갭이어'라는 프로그램을 시행했다.

갭이어란 학업을 병행하거나 잠시 중단하고 봉사, 여행, 진로 탐색, 교육, 인턴, 창업 등의 다양한 것들을 직접 체험하는 활동을 의미한다. 쉬지 않고 달리는 인생의 수레에서 잠시 내려와 나와 세상을 바라보고 미래에 어떤 인생을 살지 진지하게 고민하고 나아갈 방향을 설정하는 시간을 확보하자는 취지에서 만들어졌다.

현재 아일랜드, 영국, 유럽, 미국, 캐나다, 호주, 뉴질랜드 등의 나라에서 시행하고 있다.

하지만 우리나라는 자신을 찾으려는 시도에 대해 '쓸데없는 소리 하지 말고 공부나 해!'라는 반응이 흔하다. 진지하게 내 길을 찾겠다고 말하면, 돌아오는 건 공감보다는 '그게 밥 먹여 주냐?'라는 비웃음일 때가 많다. 자신만의 길을 찾기 어려운 이유 중 하나가 바로 이런 문화적 차이와 교육 방식 덕분이지 않을까 싶다.

결국, 모두가 같은 길을 가야 한다는 무언의 압박 속에서, '다름'을 찾기란 쉽지 않다.

미국 청소년들에게 고등학교 졸업 후 삶에 대해 인터뷰하는 영상을 본 적이 있다. 우리나라 학생들이라면 기겁할 기상천외한 답변들이 쏟아진다. "화성으로 이사 가고 싶어요!" "서핑 강사가 되어 평생 바다에서 살고 싶어요!" "정글에서 야생 동물들과 친구가 될 거예요!"라는 답변도 나온다. 한국 학생들이 듣는다면 유치하고 현실성 없다고 생각할 것이다.

우리나라 청소년에게도 똑같이 물어본다면 아마 어눌려 있던 자유를 만끽하고자 "일단 대학 가면 아무 생각 없이 놀 거예요."라고 대답할 가능성이 높다.

그렇게 신나게 놀다가 졸업 시즌에 부랴부랴 남들 따라 억지로 취업 준비를 할 것이다. 꿈은 없어진 지 오래다. 취업해서도 힘든 과정을 견딜 만한 어떠한 동기조차 없기에 일을 하지 않는 청년들이 점점 늘어나고 있다.

이 상황을 이해하지 못하는 부모 세대는 단순히 의지박약으로 치부하기도 한다. 그러다 보니 본질적인 문제해결은 전혀 되지 않고 있다. 교육 문화적 환경이 주는 영향이 엄청나게 크다는 것을 새삼 깨닫게 된다.

메가스터디 창업주이자 대학 입시의 최고 권위자인 손주은 회장이 요즘 "이름값만 보고 대학을 선택하는 건 아이 인생을 망치는 지름길"이라고 수도 없이 외치고 있다. 더 놀라운 건, 입시 전쟁의 최전선에 있는 사교육 대표가 "입시 준비만 하지 말고, 어릴 때부터 잘할 수 있는 새로운 일을 찾아라."라고 역설적으로 주장하고 있다는 점이다. 마치 햄버거 가게 사장이 "인스턴트 식품을 그만 먹고 슬로푸드를 먹어라!"라고 외치는 느낌이랄까.

상담을 진행하면서 좋은 학벌을 가지고, 좋은 기업을 다니는 분들을 생각보다 많이 만나게 된다. 이들은 하나같이 중고등학교 때도 겪지 않았던 사춘기를 성인이 되어 겪고 있다고 말했다.

나는 진로를 선택하는 것은 결혼하는 것과 같다고 말한다.

배우자를 선택할 때를 생각해 보자.

어떤 사람과 결혼하는 게 가장 행복한 걸까? 누구와 하고 싶은가?

돈이 많은 사람.
직업이 좋은 사람.
외모가 좋은 사람.
집안이 좋은 사람.

딱 한 가지 이유만으로 선택할 수 있을까?

이효리 씨가 방송에 나와서 남편 이상순 씨에 대해 한 말이 있다. 그와 결혼했을 때, '이상순이라는 사람은 진짜 누굴까?' 대중들의 궁금증이 참 컸다. 재벌인가? 모델인가? 기대했다가 순박한 모습을 보고 모두가 놀라워했다. 〈라디오스타〉에서 MC가 그를 선택한 건 좋은 사람이기 때문이냐고 물어봤다. 이때 이효리 씨는 "좋은 사람 아니다. 이상순은 나랑 가장 잘 맞는 사람이다."라며 우문현답을 한 것이 기억에 남는다.

평생 행복한 결혼을 위해 잘 맞는 사람을 택해야 하는 것처럼 진로 선택은 당신에게 무엇보다 맞는 길을 찾는 것이다.

가르치는 데 흥미도 없는데 교사를 한다면?
남에게 관심도 없는데 타인을 도와주는 일을 한다면?
체력이 약한데 몸 쓰는 일을 한다면?
관리 감독을 잘하지 못하는데 관리직을 하고 있다면?

반대로,
음악적 재능이 있는데 일반 회사원으로 산다면?
연기에 재능이 있는데 간호사로 산다면?
예술에 재능이 있는데 엔지니어로 산다면?
이보다 불행한 사람들은 없을 것이다.

김연아 선수는 훈련 중에 늘 한계가 찾아온다고 했다. 그러나 포기하지 않은 이유는 피겨가 인생이고, 그게 자신이 가장 잘할 수 있는 일이기 때문이라고 했다.

많은 사람들은 노력에 감동했지만 나는 인생에서 가장 잘할 수 있는 일이라는 말에 더 집중했다.

만약 피겨 말고 입시 공부를 했다면?
그녀의 삶은 지금과는 많이 달랐을 것 같다.

정체성에 맞는 일이란 자신이 잘하고 좋아하는 일을 뜻한다.

우리는 어떻게 자신에게 맞는 일을 찾을 수 있을까?

(2) 아이덴티티 찾는 방법

진로 연구로 저명한 심리학자 존 크롬 볼츠는 사람의 삶에서 만나게 되는 다양한 사건들이 개인의 진로에 영향을 미친다고 했다. 계획된 진로의 성공 확률이 20%, 우연한 기회의 성공 확률이 80%라며, 계획된 우연을 강조했다.

그렇기에 지속적인 경험을 쌓고, 그 경험을 어떻게 대할지를 배우는 것이 중요하다. 쉽게 말해, 여러 가지 체험을 하면서 '이게 나랑 맞는지' '이 길이 내 길이 맞는지' 다양하게 탐색하는 시간이 필요하다.

마치 자신에게 맞는 스타일을 찾기 위해서 시간과 돈을 써 보며 이 옷 저 옷을 사다가 실패도 하고 반품도 하는 것처럼 자신의 길을 찾으려는 시도의 합이 결국 새로운 삶으로 이끌어 준다.

오해하면 안 되는 부분이 있다. 많은 사람들이 좋아하는 일을 선택하라고 쉽게 말한다. 하지만 무작정 흥미와 관심만 가지고 시작하기에는 조심스러운 부분이 있다.

일은 취미와는 전혀 다른 속성을 가지고 있기 때문이다.

일의 본질은 결국 문제 해결에 더 큰 비중을 두고 있다. 그래서 능력이 없으면 버티기 힘들다는 얘기다. 좋아하는 것만 추구한다는 것은 바람 빠진 타이어로 계속 달리려는 것처럼 금방 한계에 부딪히게 된다. 능력을 갖추지 않으면, 이 치열한 현실에서 지속하기 쉽지 않다.

노래를 좋아한다고 가수가 될 수 없고
그림을 좋아한다고 화가가 될 수 없고
글쓰기를 좋아한다고 작가가 될 수 없고
연기를 좋아한다고 배우가 될 수 없다.

예체능에서만 적용되는 걸까?

No! 모든 일에 적용이 된다.

한참 유행이었던 1만 시간의 법칙이라는 이론을 들어봤을 것이다.

* 1만 시간의 법칙: 어떤 분야에서 전문가가 되기 위해서는 1만 시간의 꾸준한 연습과 노력이 필요하다는 이론

나는 생각이 좀 다르다. 분야별로 차이는 있을 수 있지만 나랑 맞지 않는 일, 즉 재능 없는 일에는 1만 시간을 투자하더라도 원하던 결과로 이어질 수 없다고 생각한다. 노력이 전혀 필요 없다는 말이 아니라, 아무 방향으로 시간만 쏟아붓는다고 해서 성공이 보장되는 건 아니라는 것이다. 마치 1만 시간을 걸었다고 해도 엉뚱한 길을 택했다면 목적지에 도착할 수 없는 것처럼 말이다. 결국, 방향이 잘못된 노력을 하는 건 그저 길 잃은 방랑자가 될 뿐이다.

예체능에서는 너무 흔한 일들이다. 프로가 되기 위해서라면 1만 시간 정도의 노력은 대부분이 쏟아붓는다. 하지만 상위 10%를 제외하고는 프로 레벨에 도달조차 하지 못하는 게 현실이다. 무작정 시도했던 노력의 실패는 너무나 뼈아프다.

게임은 다를까? 취미에도 능력의 차이는 존재 한다. 세계적으로 인기를 끌고 있는 '리그 오브 레전드' 게임에는 1만 시간을 한 유저들이 넘쳐 난다. 하지만 게임 안에서 실력을 나누는 등급을 보면 자신의 한계 티어에서 멈춰 있는 경우가 수두룩하다. 시간을 오래 투자한다고 해서 티어가 높아지는 게 아니라 명백한 한계가 존재한다는 것을 보여 준다.

그래서 원하는 결과를 이루지 못한 모든 사람들에게 단순히 노력이 부족했다고 판단하는 것은 너무 가혹한 일이다. 방향을 모르는 사람에게 "더 열심히 걸었어야지!"라고 말하는 것과 같다. 방향이 틀렸다면, 아무리 열심히 해도 목적지에 도달할 수 없는 것은 자명하다. 더 뛰지 못한 개인을 탓하는 것은 올바르다고 보기는 어렵다.

큰 성공을 거둔 사람일수록 노력보다는 운이 좋았다고 말하는 것도, 노력만으로 성공하는 게 불가능하다는 것을 알기 때문이다. 그들이 겸손해서 대놓고 말을 하진 않겠지만 자신의 천부적인 재능이 한몫했다는 것도 알고 있을 것이다. 그래서 노력만을 강조하는 것이 또 다른 폭력이 될 수 있다.

잘못된 길에서 열심히 달리라고 채찍질하는 것은 고문하는 것과 같다. 방향이 틀렸다면, 노력하기 전에 먼저 방향을 바로잡는 것이 순서다.

공부의 영역에서도 마찬가지이다.
과거 사법 고시 시절, 독하게 공부해서 명문대 법학과를 진학한 학생들이 사법 고시라는 문턱을 넘지 못하고 포기하는 경우가 수두룩했다. 이들에게 과연 노력이 부족했다고 말할 수 있을까?

공시의 인기가 시들하기는 하지만 여전히 수많은 사람들이 도전하고 있다. 정말 누구라도 노력만 한다면 공시 정도는 붙을 수 있을까?

한국사 강사로 유명한 전한길 강사가 문제 풀이 시간에 화를 내며 자가 점검 하고 빨리 그만두라고 한 영상이 화제가 된 적이 있다. 전국 최고 강사로서 일을 오랫동안 하면서 모두가 공시에 합격할 수 없다는 것을 알았기 때문이다.

그렇기에 굳이 노력이냐, 재능이냐 따지는 건 무의미할 수밖에 없다. 당연히 둘 다 필요하고 그렇기에 재능을 먼저 찾아 방향에 맞는 노력을 하는 것이 정답이다. 자신을 찾기 위해 경험하고 투자하는 것에 아끼지 말라고 하고 싶다. 단 똑똑하게 투자해야 한다.

아이덴티티 워커를 위한 경험은 자신에게 성장을 주는 경험들을 뜻한다. 모든 경험이 의미가 있는 게 아니다. 나는 성장을 주는 경험을 자산경험, 무의미한 경험을 소멸경험이라고 말한다.

자산경험은 어떤 것일까? 경험을 통해서 가치를 만들거나 내가 하고자 하는 일의 결에 맞아서 축적되어 미래에 쓰일 수 있는 것이다. 반면 순간적인 자극만 주는 경험은 소멸경험이 된다. 이러한 구분을 잘해야 되는 이유는 어떤 경우는 형태상 같을 수가 있기 때문이다.

예를 들어 외식업에 대해서 관심이 있는 사람이 파인 다이닝을 경험하는 건 자산경험이 될 것이다. 비싸지만 고급스러운 미식의 형태와 서비스가 어떻게 이루어지는지 몸과 마음으로 느끼는 것이 미래의 가치 창출로 이어지기 때문이다.

하지만 이러한 생각이나 관심 없이 유행에 따라서 파인다이닝을 경험했다면 이것은 스쳐 지나가는 소멸경험이 될 것이다.

요즘 흔히 가는 유럽 여행도 마찬가지이다. 가서 얻고자 하는 것의 목적이나 방향성이 있다면 자산경험이 되겠지만 흔히 말하는 남들이 가니까 열심히 일한 자신을 위한 보상으로 여행을 간다면 소멸경험으로만 남을 수 있다.

경험

종류	소멸경험	자산경험
특징	순간적 자극	경험을 통한 가치 창출
	형태 O	형태 O
	미래도움 X	미래도움 O

→ 우리가 쌓아야 할 경험

자신에게 필요한 경험들을 쌓아 가는 것인지 꼭 구분해 현명한 선택을 해야 한다. 이러한 선택들이 모여서 당신의 아이덴티티를 찾을 수 있기 때문이다.

1단계를 통해서 무엇보다 자신의 정체성을 잘 찾아야 한다. 당신이 북극곰인지 아니면 사막에서 사는 낙타인지를 이해하는 것이 본질이다.

나를 찾기 위해 모든 것을 내팽개치라는 것이 아니다. 회사에 다니든 자영업을 하든, 정체성에 맞는 일을 하고 있는 것인지 구분해야 한다.

회사에서 하는 일이 나와 잘 맞는다면 서로 윈윈하며 자신을 성장시킬 수 있다. 자기 일을 하라는 것이 반드시 사업이나 창업을 꿈꾸라는 말은 아니다. 사업이 맞지 않는 사람도 분명히 있기 때문이다. 이런 오해는 일을 직업과 동일시하는 잘못된 관념에서 비롯된다. 아이덴티티 워커에게 중요한 것은 '일(직무)' 그 자체가 핵심이다.

《미치지 않고서야》의 저자 미노와 고스케는 모두가 출판 불황을 말할 때 '1년에 100만 부'를 판 천재 편집자이다. 그는 손대는 책마다 베스트셀러를 만든다. 그는 여전히 자기 일을 하면서 회사에 다닌다. 직장인의 지위를 활용해 부업으로 본업의 20배를 버는 그는 "회사를 이용해! 회사와 함께 성장해!"라고 말한다.

자기 사업을 하는 스타일이 아닌 안정적인 회사를 다니면서 뜨겁게 일을 하는 스타일일 뿐이다. 사람마다 각자 맞는 업무 스타일이 존재한다. 그러기에 '회사를 다니는 게 정답?' '사업을 하는 게 정답?'이라는 이분법적인 사고는 피해야 한다.

그리고 '팀워크? 어려워. 혼자가 편해!'라고 생각하는 사람들도 있다. 이런 사람은 타인과의 소통방식에 어려움을 느낀다. 누군가와 협력을 해야 한다는 사실만으로도 에너지 소모가 큰 부류다. 그렇기에 사람들과 협력하는 업무는 최대한 줄여야 한다. 이런 개개인의 특성에 대한 고려 없이 자신을 억지로 바꿔 가며 타인과 어울리려고 히다기는 일도 관계도 최악의 상황에 빠질 수 있다.

요즘 "꿈 찾아 퇴사할 거야." "나는 나만의 사업을 할 거야."라는 식의 말들이 유행하고 있다. 꿈? 퇴사? 사업이 문제가 아니라 유행을 따라 하는 건지 내가 그런 특성을 가지고 있는지 먼저 파악하고 결정해야 된다. 분위기에 편승해 아무 준비 없이 "에라 모르겠다!" 하고 회사를 나오는 건 최악의 선택이 될 수 있다.

준비도 없이 뛰어들었다가는 "내 길은 어디 있지?" 하면서 방황하다가, 결국 "아무 길도 안 보여 돈이 떨어져 가고 불안해…."라며 불행의 도미노가 시작된다.

무조건 버티라는 조언을 하는 게 아니다.
내가 누군인지에 따라서 선택은 달라지는 것이다. 각자의 아이덴티티를 찾아 나답게 길을 찾고 발전시켜 나가자.

1단계에서 깊은 고찰과 경험들로 자신을 정의하고 정체성을 찾는 것이 핵심이다. 질문에 솔직한 대답을 적어 보자.

- 당신은 어떤 일을 좋아하고 잘하는가?
- 당신이 가장 열정적인 환경은 어디인가?
- 당신은 어떤 일을 평생 하고 싶은가?
- 당신은 어떤 가치를 만들고 싶은가?
- 당신이 꿈꾸는 최고 버전은 어떤 모습인가?
- 당신의 비전은 무엇인가?
- 당신은 어떤 아이덴티티를 추구하고 싶은가?
- 당신은 어떻게 살고 싶은가?
- 당신은 어떤 사람으로 기억되고 싶은가?

이에 대한 대답을 찾아 가는 것 자체가 시작이다.

자, 지금 다시 모험을 시작하는 배의 선장이 되었다고 생각해 보자.

* 1단계 액션 플랜

① 자신을 깊이 이해하기

자신을 이해하는 데 도움 되는 여러 가지 방법을 소개하는 유튜브 링크를 넣어 두었다.

영상의 방법들을 실행해 보면서 스스로 깊이 탐구하는 시간을 가지자.

www.youtube.com/@IDENTITYWORKER

유튜브 '아이덴티티 워커' 검색

② 외부와 단절된 시간 가지기

진짜 나의 모습을 보기 위해서는 모든 것과 단절된 상태에서 자신을 바라보는 과정이 큰 도움이 된다. 하루 1~2시간씩 모든 것이 단절된 공간에서 스스로의 생각과 마음을 들여다보는 시간을 가져 보자.

외부의 자극 없이 오직 나 자신만을 마주하는 이 시간을 통해, 내가 진정 되고 싶은 모습이 무엇인지 차분히 그려 보는 것이다.

③ 최초의 기억 활용하기

자신이 진정으로 즐거웠고 몰입했던 최초의 일들이 무엇이었는지 다시 한번 생각해 보자. 사회화된 교육을 받기 전에, 무의식적으로 끌렸던 일들을 떠올리며 탐구하다 보면, 지금의 나에게 필요한 힌트를 얻게 될 것이다.

④ 모방하고 싶은 사람 정해 보기

 내가 뭘 해야 될지 모를 때는 혼자서 고민하는 게 굉장히 어렵다. 이때 좋은 방법은 따라 하고 싶은 누군가를 찾아 보는 것이다. 인간의 수많은 능력 중 하나가 모방하는 능력이기 때문이다. 수많은 대가들을 보면 그들을 인도한 누군가가 있는 경우가 많다. 강력하게 닮고 싶은 누군가를 찾는다면 방향성을 정하기 훨씬 쉬워질 것이다. 그 사람을 만날 수 있다면 금상첨화일 것이다.

 나도 책을 읽고 감명을 받아 저자에게 무작정 연락해서 만난 적이 있다. 그분은 나의 정신적 지주가 되었고, 나만의 길을 걷는 데 초석이 되어 준 분이다.

⑤ 새로운 도전하기

 방향이 조금이라도 정해졌다면, 망설이지 말고 무조건 경험해 보자. 분야에 따라 무료 체험부터 시작해 볼 수도 있고, 작게는 몇만 원에서 비싸게는 수백만 원까지 들 수 있겠지만, 돈과 시간이 아깝다는 생각은 잠시 접어 두자. 직접 배우고 경험해 보는 것이야말로 가장 확실한 투자가 될 것이다.

* 나의 생각 편

- 타고남이 세상을 낭만 있게 만든다

나는 개인마다 타고남의 영역이 100% 존재한다고 믿는다. (믿는다고 표현한 이유는, 타고남이 중요하지 않다고 주장하며 그 믿음을 따르는 분들도 있기 때문이다. 각자만의 믿음과 신념은 모두 존중받아야 한다고 생각한다.)

타고난 재능에 대해 편하게 이야기하기 어려운 이유가 있다. 각자의 타고난 능력으로 인해 마치 인생이 이미 정해져 있는 것처럼 느끼며, 그로 인해 불공평하다고 여기는 경우가 많기 때문이다.

사실, 이것은 모두가 같은 정답을 믿고 강요받아 온 환경에서 비롯된 오류일 수 있다. 누군가의 빛을 발하는 재능을 보면서 시기와 질투에 빠져 불평등하다고 느끼는 것이다. 이는 자신 안에서의 재능을 찾기보다는 남과 비교하며 자신을 평가 절하 하기 때문이다.

나는 각자만의 타고남이 있다는 것이 오히려 평등의 일환이라고 믿는다. 우리는 삶을 살아가면서 스스로 선택하지 않은 요소들이 인생의 많은 부분을 결정짓는다는 사실을 이미 알고 있다.

타고난 재능이나 성향은 그런 요소 중 하나일 뿐이며, 그것이야말로 고유한 존재로서 평등하게 출발하는 지점이 아닐까 생각한다.

부모님의 성격, 양육 방식, 경제력 등은 인생에 있어 그 무엇보다 큰 영향을 끼친다. 그런데 이처럼 인생에 큰 영향을 미치는 환경들은 스스로 선택한 것이 아니라, 그저 태어났기에 주어진 것들일 뿐이다.

그러다 보니 성인이 되면서 알고 싶지 않은 현실의 차가움과 인정하고 싶지 않은 불합리함을 마주한다.

나 또한 홀어머니 밑에서 사람들의 눈치를 보며 자랐고, 그런 경험들이 내면의 불안감과 결핍으로 자리 잡고 있었다. 그로 인해 불평불만으로 가득했던 시절이 있었기에, 나와 다른 사람들을 보며 느꼈던 말로 설명할 수 없는 질투와 괴로움의 감정을 너무나도 잘 알고 있다.

그럼에도 불구하고 그 불공평함을 받아들일 수 있었던 유일한 방법은 나 자신을 믿는 것이었다.

우주가 나에게 준 잠재력과 재능이 있다고 믿고, 찾고자 하는 마음이 내 삶을 변화시켜 준 신호탄이었다.

만약 재능이 모두 똑같고, 노력만으로 결과가 이루어지는 세상이 된다면 그게 과연 공정한 세상일까? 나는 전혀 그렇게 생각하지 않는다. 오히려 그런 세상은 너무나도 끔찍한 디스토피아가 될 것이라고 확신한다.

노력한 대로 결과가 나오는 세상이란 어떤 모습일까? 그렇게 된다면 어떤 분야에서든 먼저 시작하거나 좋은 환경에 있는 사람이 무조건 이기는 세상이 될 것이다. 출발선이 다름을 절대로 극복하기 어려운 세상 말이다.

예를 들어,
부모님의 교육열이 높고 경제력이 좋아서 비싼 과외를 붙이고 조기 교육을 시작한다면 누구나 의사가 될 것이다.
유학을 보내 운동에 유리한 환경을 조성하고 비싼 코치를 붙이면 누구나 운동선수가 될 것이다.
비싼 장비를 제공받고 실력 있는 교수들의 레슨을 받으면 누구나 되고 싶은 것을 이루는 세상이 될 것이다.

이건 마치 세상이 MMORPG 게임처럼 되는 것이다. 시간과 돈을 갈아 넣을수록 강해지고 승자 독식 세계가 되는 것이다.

먼저 시간을 쏟아부은 사람 그리고 돈을 많이 쏟아부은 사람이 절대적으로 유리하며 늦게 시작하거나 돈이 없는 사람은 절대 따라가는 게 불가능한 구조가 된다.

"개천에서 용 난다."라는 말은 아예 존재하지 않을 것이다.
 개인마다 타고난 재능이 다르기 때문에, 세상은 더 낭만적이다.

누구보다 어려운 환경에 있던 축구 꿈나무가 세계 최고 축구 선수의 반열에 오를 수 있는 게 아름다운 세상이다.
 과외 하나 제대로 받지 못했던 학생이 최고 대학의 교수가 되는 것이 희망적인 세상이다.
 유학 한번 가지 못하고 배달부로 일하다 어렵게 요리를 시작해서 유명 셰프가 되는 것, 이혼 가정에서 자란 사회 부적응 아이가 다른 사람의 타고남을 찾아 주는 전문가로 존중받을 수 있는 세상이 나는 평등한 세상이라고 믿는다.

이 모든 것이 현실에서 이루어지고 있다.

영화 〈슬럼독 밀리어네어〉의 주인공처럼, 평범한 청년이 퀴즈 쇼에서 큰 상을 탄다. 이 청년은 부유한 집안에서 태어나지 않았다. 아니, 누구보다 처절하고 불운한 어린 시절을 보냈다. 그리고 삶의 경험을 통해 배운 지식을 활용하여 놀라운 성공을 거둔다. 이 이야기는 모든 사람이 어디에서 왔든, 자신만의 독특한 경험과 지식을 통해 성공할 수 있다는 것을 보여 준다.

역설적이게도 타고남은 불평등이 아니라 진짜 평등이라고 믿는 이유이다.

많은 사업가분들을 만나면서 자연스럽게 깨달은 것이 바로 타고남이었다.

그들은 절대로 배워서 성공한 것이 아니며 사업가 기질은 흉내를 낼 수도 없다는 것이다. 도전적이고 혁신적이며 리더를 꿈꾸는 마인드는 절대 인위적으로 만들어진 게 아니었다. 그저 자신의 마음이 이끄는 대로, 내면의 소리에 따라 행동하다 보니 어느새 그 자리에 서 있었다.

사업을 한다는 것은 너무나도 복잡하고 다양한 문제들을 마주하기 때문에, 결국 직관의 영역이 실패와 성공을 좌우하게 된다. 그래서 그들은 누군가에게 조언한다는 것이 너무 어렵다고 말했다. 운명처럼 사업을 하게 되었고 성공이 따라왔기 때문이었다.

불합리한 상황에 좌절하며 분노만 할 것인지, 아니면 자신 안에 숨겨진 타고난 능력을 발견하고 그것을 따라 나아갈 것인지 선택은 오로지 당신의 몫이다. 원망하며 현실에 안주할 것인가, 아니면 내면의 잠재력을 믿고 새로운 길을 개척할 것인가?

하늘은 스스로 돕는 자를 돕는다.

2단계

코스트 트레이닝

 2단계는 1단계에 설정한 방향에 맞게 시간을 들여서 교육받고 훈련하는 단계이다.

 사자는 강한 발톱, 엄청난 턱 근육과 송곳니를 타고났지만, 그렇다고 해서 태어나자마자 사냥을 잘하는 것은 아니다. 어미 사자는 어린 사자를 그냥 두지 않는다. 다 잡은 사냥감을 새끼에게 던져 놓고, 본능적으로 사냥을 배우게 한다.

 어떻게 공격해야 하는지, 어떤 공격이 가장 치명적인지 본능을 잘 발휘할 수 있게 가르치는 것이다.

독수리는 엄청난 속도로 하늘을 날며 사냥하는 데 타고 났지만, 그 능력을 발휘하려면 날개를 제대로 활용할 줄 알아야 한다. 한 번쯤 들어 봤을 독수리 훈련법은 무엇일까?

먼저 어미 독수리는 둥지를 벼랑 끝에 짓는다.
둥지 안은 뾰족한 가시로 채우고, 겉은 부드러운 동물의 털로 마무리한다. 새끼가 날 때가 되면 어미는 날갯짓을 하여 날카로운 가시가 새끼를 찌르게 하고, 깜짝 놀란 새끼는 어쩔 수 없이 둥지를 떠나 절벽으로 추락한다.
이때 살기 위해 발버둥 치며 날개를 사용하는 연습을 통해 자연스럽게 날개 근육이 발달한다. 죽기 직전 어미 독수리가 새끼를 구해 주고 그 과정을 죽을 똥을 싸며 반복한다. 고통의 과정에서 새끼는 바람을 자유롭게 타는 법을 배운다.

이처럼 타고난 능력이 있더라도, 그것이 발현될 만큼의 훈련과 연습이 없다면 아무런 변화도 일으키지 못한다.

재능에 대해 잘못된 환상을 가진 사람들이 있다. "재능만 있으면 놀면서도 잘되겠지? 아주 작은 시도에도 엄청난 결과를 가져오겠지?"라고 생각한다.

하지만 그건 마치 "음감이 있는 사람이 피아노에 앉아만 있으면 자동으로 쇼팽이 될 거야."라고 믿는 것과 같다. 이건 재능에 대해 전혀 모르는 사람들의 전형적인 착각이다.

재능이 빛을 발하는 순간은 어려움에 빠져 있을 때 이겨나가는 힘이란 걸 대부분 알지 못한다.

누구나 원하는 길을 가고 있더라도, 생각보다 결과가 나오지 않고 지루한 구간들이 있으며, 포기하고 싶어지는 순간들을 겪는다. 이런 상황에서 더 나아가게 만들어 주는 것이 바로 재능의 힘일 수 있다.

누군가는 "노력하는 것 자체가 재능이다."라고 말하기도 하지만, 이 말은 반은 맞고 반은 틀리다.

'노력, 의지력, 인내력'은 사람마다 차이가 있다. 노력은 누구나 해야 하지만 지속하기 어렵다. 왜냐하면 사실 가성비가 굉장히 떨어지는 행위이기 때문이다. 효율이 떨어지는 행위를 계속할 수 있게 해 주는 힘은 바로 재능에 맞는 일을 할 때 발휘된다.

노력과 재능은 서로 떼어 놓고 볼 수 있는 것이 아니라, 상호 보완적인 개념이라는 것을 알아야 한다.

재능 O + 노력 X = 평범

재능 X + 노력 O = 평범

재능 O + 노력 O = **최고버전**

어릴 때 공부 잘했던 친구들을 보면 "노력한 만큼 성적이 쑥쑥 올라서."라고 말하곤 한다. 그런데 고학년이 되어서는 아무리 노력해도 성적이 꿈쩍도 하지 않아 지쳐서 좌절하기도 한다. 결국 공부가 자기와 맞지 않는다고 여기고 흥미를 잃고 만다.

'아이는 머리는 좋은데 노력을 안 한다'는 말? 솔직히 그건 부모님들의 희망 사항일 가능성이 크다. 공부를 좋아하면 힘든 상황이 왔을 때 어떻게든 뚫고 나아가려고 할 것이다.

이를 잘 설명해 주는 것이 더닝 크루거 효과이다.

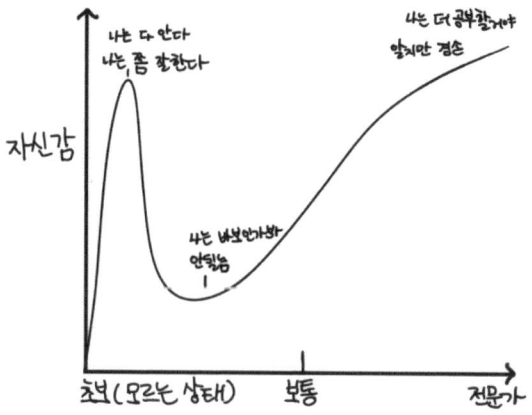

어떤 분야를 공부하기 시작한 초반에는 실력이 팍팍 느는 걸 경험하게 된다. 이때 흔히 저지르는 실수가 "이제 이 분야 마스터했네!"라는 착각이다. 수영장에서 발차기 하나 배워 놓고 "이제 바다를 정복할 준비 됐어!"라고 외치는 것처럼 말이다.

하지만 난도가 점점 올라갈수록 급격하게 자신감이 떨어지고 어렵고 힘든 죽음의 골짜기를 마주하게 된다. '안다'는 착각이 '전혀 모른다'는 사실로 바뀌게 된다. 초심자의 행운은 사라지고 결과도 나오지 않는다. 그에 따라 자신감은 온데간데없이 사라지고 좌절감만 남게 된다.

노력 대비 결과는 나오지 않기에 자신감이 점점 떨어지는 구간이다.

인생에서 바닥을 칠 때, 진짜와 가짜가 걸러지듯, 재능도 '죽음의 골짜기'에서야 비로소 진짜인지 아닌지 판가름 난다. 그제야 비로소 교만함이 불러온 가짜 재능인지 아니면 정말로 빛을 발할 수 있는 진짜 재능인지 드러나게 된다.

자신의 정체성에 맞는 방향이라면 낙담하지 않고 지속적인 노력을 하게 된다. 그 구간을 견디게 되면 실력이 쌓이면서 다시 상승곡선을 그린다. 하지만 재능에 맞지 않는 방향이라면 죽음의 골짜기에서 벗어나는 것은 불가능에 가깝다.

가끔은 올바른 방향이지만 포기하는 안타까운 경우들이 있다. 인풋 대비 아웃풋의 효율을 과하게 기대하기 때문이다.

효율을 추구하다 보면, 시간 대비 성과에만 집중하게 된다. 절대적인 시간을 들이는 것이 비효율적으로 느껴진다. 그러다 보니 노력 대비 나오지 않는 결과를 보며 실망해서 다른 길을 찾게 된다. 재능이 있더라도 절대적인 시간의 투자가 필요하다는 것을 간과하기 때문이다.

이것을 잘 보여 주는 연구 결과가 있었다. 세계적인 피아니스트와 평범한 피아니스트의 연습 시간은 차이가 있었지만 엄청난 시간 차이는 아니었다. 하지만 피아니스트가 되지 못한 사람들과 비교하면 연습 시간의 차이는 엄청나게 크다. 재능을 발휘하기 위해서는 누구에게나 절대적인 시간 투자가 필요하다는 뜻이다.

죽음의 골짜기를 탈출하려면, '축적의 시간'이라는 견디는 과정이 필요하다.

"내가 정말 이걸 원했나?" 이런 질문을 했다면, 그때가 바로 찬스다. 진짜 나와 잘 맞는지를 확인할 수 있는 절호의 기회이다. 사람은 진짜 좋아하는 것에 대해서는 고통을 감내할 가치를 느낀다.

꿈도 아이처럼 키워 가는 것이다. 아이가 힘들게 한다고 버리는 부모는 없다. 왜냐하면 부모는 자신을 닮은 아이를 본능적으로 사랑하기 때문이다. 아무리 힘들어도 꿈을 본능적으로 사랑한다면 마라톤을 견딜 수 있는 강철 같은 인내심이 생긴다. 본능적인 꿈이란 나의 타고난 정체성에 심긴 씨앗과 같다. 사과 씨앗에서는 사과 열매가 맺히고 배 씨앗에서는 배 열매가 맺히듯 우리는 각자 타고난 씨앗이 있다. 이것을 발견하는 순간 첫눈에 반해 사랑에 빠지게 된다.

재즈 카페에서 일하던 한 남자가 야구 경기를 보다가 문득 소설을 쓰고 싶다는 생각에 꽂혀 소설을 쓰기 시작한다. 갑작스럽게 소설과 사랑에 빠져 '프란츠 카프카 문학상', '세계환상문학상' 등 많은 문학상을 수상한 무라카미 하루키의 이야기이다.

꾸준한 노력과 시간을 투자하여 경험과 지식을 축적하는 2단계 과정을 통해 우리는 자신에게 맞는 일과 아닌 일을 분명하게 알 수 있게 된다.

1단계를 통해서 자신의 정체성과 분야를 정했다면 분야에 대한 공부와 경험 그리고 연습과 훈련을 통해 성장하는 시기가 필요하다. 방향을 찾으면 핑크빛이 따라오는 게 아니라 엄청난 터널과 암흑기가 온다는 것이다.

일을 하기 위해 학위 또는 면허 국시 시험을 갖추거나 통과해야 하는 분야들이 있다. 의사, 교사, 변호사, 세무사, 회계사, 감정 평가사와 같은 특정한 일들은 정해진 프로세스가 명확하다. 프로세스대로 훈련하고 공부하는 시기를 2단계라고 한다.

하지만 반대로 대학 진학이나 학위가 딱히 필요 없는 분야들도 많다. 어떤 방향을 정했느냐에 따라 짧게는 1~2년 길게는 10년의 세월이 걸리기도 한다. 공통적인 것은 재능을 갈고닦는 시기가 필요하고 이런 시기는 고통이 따른다는 것이다.

성공한 스타트업 신화 '토스'의 창업가 이승건 대표는 치과 의사였다. 그는 3년간 공보의 생활을 하면서 낮에는 진료하고 밤에는 할 게 없어서 인문학 책을 읽으며 스스로를 탐구하고 생각하는 시간을 가졌다고 한다.

그런 시간이 쌓이면서 세상에 도움이 되는 일, 특히 IT 기술을 통해서 사회 참여 서비스를 만드는 사업가가 되겠다는 마음을 먹었다.

마음먹고 바로 금융 핀테크 사업을 했을까? 아니다.

소셜 네트워크 서비스, 모바일 투표 앱 등등 8번의 사업이 다 실패하고 천신만고 끝에 다시 한번 도전해서 탄생한 것이 지금의 토스이다.

이처럼 내가 정체성을 정했다고 해서, 단 한 번에 성공이 이루어지는 것이 아니다.

나무도 작은 씨앗으로 시작해서 잘 키우고 가꿔야 큰 나무가 된다. 내 안에 꿈의 씨앗을 심었다면 잘 키워야 한다.

  2단계를 얘기하다 보면 자격증, 학위 이런 이야기들 때문에 지레 겁을 먹거나 너무 늦은 건 아닐까 하는 생각이 들 수 있다. 하지만 이건 이해하기 쉽도록 특정 직업을 예로 들었을 뿐이다.

  사업을 하려고 하는데 꼭 MBA를 나오거나 경영 대학을 나와야 가능한 걸까?
  요리를 하려고 하는데 꼭 해외 유명 외식조리학과를 나와야 가능할까?
  개발자를 하려고 하는데 컴퓨터공학과를 나와야 가능할까?
  주식 투자자가 되려고 하는데 경제학과를 나와야 가능할까?

다시 한번 말하지만 어떤 곳에 취업하거나 어떤 직장이 목표가 되는 건 아이덴티티 워커가 되는 길이 아니다.

디자인을 전공했지만 가르치는 일을 할 수도 있고, 영상을 만드는 일을 할 수 있고, 디자인을 접목한 제조업을 하는 사업가가 될 수도 있다.

2단계는 대학과 자격증을 취득하라는 이야기가 아니다. 관련 분야에 대해서 스스로 공부하고 도전하고 경험해서 실력을 만드는 게 핵심이다. 현실에 얽매이지 않고 100% 모든 가능성을 열어 놓고 몰두할 일을 찾았다면 시작해 보자.

간단히 정리해 보자.

① 재능을 찾았다고 해서 바로 큰 결과가 나오지 않는다.
② 연습하고 훈련하는 시기, 고통의 시기가 있다.
③ 급할 거 없이 천천히 나아가야 한다.

모든 위대한 결과는 작은 시작으로부터 나왔다.

"If you can dream, You can do it. Always remember that this whole thing was started by a mouse."
"당신이 꿈꿀 수 있다면, 그것을 해낼 수도 있을 것이다. 디즈니는 한 마리 작은 생쥐로부터 시작되었다는 것을 항상 기억하라."

- 월트 디즈니

아인슈타인은 처음에는 학업에서 큰 주목을 받지 못했다. 하지만 끊임없는 호기심과 열정으로 물리학에 대한 연구를 이어 가며, 결국 상대성 이론을 포함한 수많은 혁신적인 이론을 제시했다.

조앤 롤링은 이혼을 겪었고 경제적으로 어려운 상황에서도 《해리 포터》 시리즈를 쓰기 시작했다. 첫 책을 출판하기까지 수많은 거절을 겪었지만, 결국 전 세계적으로 사랑받는 베스트셀러가 되었고 세계 억만장자 리스트에 이름을 올렸다.

재능을 찾았다는 것은 행복의 시작이 아니라 고된 노력의 시작임을 잊지 말자.

(1) 기회비용의 늪이란 함정

많은 사람들이 도전을 시작했다가 포기하는 구체적 이유는 무엇일까?

비행기 조종사가 되고 싶어서 미국 조종사 과정에서 자격 연수를 한 후, 일이 맞지 않아 방문한 A 군이 있었다. 그 과정에서 교육비는 억 단위가 넘어갔다. 수억이 넘는 비용을 감당하려고 부모님은 집을 팔았고 노후 준비도 엉망이 되었다고 했다.

그는 처음 미국에 가서 수업을 듣는 순간부터 스스로 해낼 수 없겠다는 생각이 들었다고 한다. 하지만 이미 1학기 학비를 냈었기에 참고 견디자는 마음으로 지냈지만 결국 끝까지 수료하지 못하고 빚만 지고 한국에 돌아왔다. 죽고 싶은 마음이었지만, 부모님 때문이라도 살아야겠다는 마음으로 나를 찾아왔다.

A 군이 조종사가 되고 싶었던 마음은 진정한 방향이라기보다는 20살, 입시 실패에 대한 보상 욕구와 고액 연봉을 받고 싶다는 욕심 그리고 사촌 형의 성공 사례를 보고 제대로 고민하지 않고 혹해서 한 선택이었다.

인생은 실전이라는 말처럼 1단계를 제대로 정하지 않았던 결과가 너무 참혹하다는 생각이 들기도 했다.

진로 선택에 있어 이처럼 '기회비용의 늪'을 조심해야 한다. A 군은 현재 작은 옷 사업을 시작해 밤낮없이 일에 매진하며 원하던 성과들을 만들어 내고 있다. 늪에 빠져 파일럿을 꿈꾸던 때에는 전혀 상상할 수 없던 일이었다. 이 늪은 아무도 알려 주지 않는 학창 시절부터 시작되곤 한다. 방향에 대한 생각 없이 입시를 위해 달리다가 점수에 맞춰 고민 없이 전공을 선택한다.

이과는 무조건 메디컬이 1위고 성적이 부족하면 취업이 잘되는 전기, 화학, 기계가 '국룰'이다.

전기공학과인 B 군은 앞서 말한 이런 코스를 밟아 왔다. B 군은 1학년 때 전반적인 기초 과정을 들었지만 본인이 전공에 흥미를 느끼는지도, 잘하는지도 몰랐다. 주변에 말을 해 봐도 "처음엔 다 그래. 좀 더 해 봐."라는 말로 넘어갔다. 어영부영 2학년이 되고, 군대에 갔다. 군대에서 "그래, 1학년 때 나는 너무 놀았지. 다시 복학하면 열심히 공부해야겠다."라고 다짐했다.

하지만 복학한 후 현실은 여전히 재미도 없고 수업은 어렵기만 했다. 사실 고등학교 때부터 이과 과목에 흥미가 없는 건 알았지만 취업이 잘된다는 부모님의 말을 맹목적으로 따랐던 것이다. 하지만 졸업이 1년밖에 안 남았으니 버텼다. 흥미도 없고 잘하지도 못하는 전공을 위해 4년 동안 몇천만 원의 돈을 낭비했고 남은 건 졸업장 하나뿐이었다. 전공이 안 맞으니 관련 일을 하는 건 도저히 엄두도 나지 않았다. 결국은 뭘 해야 할지 방황하다가 1년간 허송세월을 보낸 후 방문했다. 기회비용의 늪에 빠진 전형적인 예시다.

왜 우리는 알면서도 선택하지 못할까?

손실 회피 편향 때문이다. 사람은 손해를 보는 것을 본능적으로 싫어하고 매우 고통스럽게 느낀다. 이득에 대한 기쁨보다 손실에 대한 고통이 인간을 지배하기 때문이다. 그 결과, 비이성적인 선택을 하게 된다. 인생에 이런 손실 회피 편향은 자꾸 진로 선택을 불리하게 만든다.

1, 2학년 때 아닌 것을 알았음에도 불구하고 '2년이나 배웠는데….' '이미 등록금 천만 원이 들어갔는데….' '시간이 지나면 모르겠다….' '졸업장이라도 있으면 나아지겠지….' 등의 생각으로 아닌 건 알지만 등록금과 4년간의 금쪽같은 시간이 아까워 진로를 바꿀 생각조차 하지 못한다. 현재 하고 있는 일이 이러한 과정들을 통해 선택된 것은 아닐까?

늪에서 허우적거리면 더 깊이 빠질 뿐이다. 그러니 조급해하지 말고 처음부터 다시 생각해 보자. 첫 단추를 잘못 끼우고 끝까지 가게 되면 잘못된 옷을 다시 다 풀고 처음부터 해야 한다. 누구나 처음엔 단추를 잘못 끼울 수 있지만, 중요한 건 그걸 인식하고, 끝까지 밀어붙이기보다는 잠시 멈추고 바로잡는 지혜이다.

지금 끼우고 있는 단추가 제대로 맞는지, 아니면 새로 시작해야 할 때인지 고민해 보자.
가끔 멈추는 게 진짜 도전의 시작일 수 있으니까.

(2) 꿈만 꾸다 놓쳐 버린 진짜 꿈

축구 선수를 꿈꾸는 학생이 있다. 훈련하는 건 너무나 고통스럽고 괴로워서 하고 싶지 않다. 빨리 주전으로 뛰고 싶은 마음만 가득하다. 욕심과 다르게 연습에는 집중하지 못한다. 연습량 부족으로 실력이 떨어지면서 주전에서 점점 멀어진다. 자신의 부족한 점을 보기보다는 실력을 알아주지 않는 감독과 세상 탓을 하다가 결국 가장 사랑했던 축구를 타의에 의해 그만두게 된다.

피아니스트로 박수를 받고 돈을 벌고 싶지만, 아무도 알아주지 않는 곡을 몇만 번 연습하는 건 싫다. 실력이 늘지 않는다. 나랑 맞지 않는다고 합리화한다.

"이거 해 봤자 먹고살기 힘들다는데."
"빨리 유명해지고 싶은데 어느 세월에 하나 답답하다."

실력 있는 상담사가 되고 싶지만 대학원에서 공부하고 논문을 쓰는 게 괴롭다. 졸업 이후 수련까지 하는 건 너무나 고통스럽다. 나와 맞지 않는 것 같다며 다른 길을 찾아 나선다.

좋아 보이는 결과만 보고 고통스러운 과정을 전혀 고려하지 않으면 꿈을 놓치게 된다. 고통스러운 과정과 연습 없이는 아이덴티티 워커가 된다는 것은 불가능하다. 하지만 조급할수록 결과를 빨리 얻고 싶기에 오히려 견딜 수가 없다. 늦게 시작할수록 불안한 마음에 과정을 견디기 싫어서 지름길을 찾는다. 이런 생각이 큰 패착을 불러올 수 있다.

노력하는 자는 즐기는 자를 이길 수 없고 즐기는 자는 미쳐 있는 자를 이길 수 없다고 말한다. 이 말의 뜻은 미쳐 있기에 고통스럽지 않다는 말이 아니다. 미쳐 있기에 고통스럽더라도 계속할 수 있다는 말이다.

지금 당신이 1단계를 정하고 나면 살짝 흥분된 상태일 것이다. 결과가 바로 내 눈앞에 올 것 같고, 성공한 사람들을 모습을 보며 나도 금방 따라잡을 것 같다는 생각이 들기도 한다.

하지만 전문가의 영역에서 일하고 있는 많은 사람들은 어느 날 갑자기 눈을 떠 봤더니 그 일에서 성과를 내고 있는 게 아니다. 2단계 과정에서 누구보다 치열한 과정들이 있었기에 실력을 발휘하고 있는 것이다.

이렇게까지 강조하는 이유는 재능 있는 영역에서 시작했다가 고통이라는 장벽에 무너져 내리는 안타까운 사람들을 너무나 많이 봐 왔기 때문이다.

> 벽을 밀면 문이 되고,
> 눕히면 다리가 된다.
> － 안젤라 데이비스

당신도 길을 정했다면 절대 밀리지 않을 것 같은 벽을 힘껏 밀어 보기 바란다.

(3) 직장인이 벽을 미는 방법

직장을 다니면서 다른 길을 준비하고 있다면 모래주머니를 발에 달고 마라톤을 뛰는 것과 같다. 절대적인 시간과 집중력이 부족하다.

그래서 직장인이지만 새롭게 길을 도전하는 분들에게 꿀팁 세 가지를 공유해 드리겠다.

① 절대적인 공간과 시간을 만들자

내가 일을 하면서 책을 집필했던 순간이 있었다. 작은 사업을 하는 사람들을 알겠지만 자잘한 일들이 항상 생기고, 24시간 일을 하고 있기에 머릿속이 언제나 복잡하다. 이런 상황에서 책을 쓰려고 하니 6개월이 지나도록 10페이지도 못 쓰고 전전긍긍하고 있었다.

이땐 한 작가님의 인터뷰를 보고 큰 깨달음을 얻었다. "본인도 글을 써 왔지만 창작의 고통은 여전히 같다. … 자신이 쓰는 방법은 독서실 책상을 하나 사서 정해진 시간에는 무조건 그 안에 들어가서 절대로 나오지 않는 것이다."

사람은 공간의 영향을 받고 정해진 시간에 따라 무의식적으로 패턴화시키게 된다. 점심시간만 되면 갑자기 배가 고파지는 것처럼 말이다. 그래서 특정한 요일, 특정한 시간을 절대로 아무것도 하지 않고 책을 쓰는 시간으로 정했다. 그리고 공간 또한 따로 마련했다. 그 시간에는 핸드폰도 꺼 두고 마련한 공간에서 글이 써지든 안 써지든 앉아서 있는 것이다.

6개월 동안 10페이지도 못 쓰다가 이 방법을 통해서 6개월 만에 책을 완성했다. 생계 때문에 일을 해야 되는 분들에게 꼭 추천하는 방법이다. 새로운 분야로 훈련하고 공부하는 시간과 공간을 확보해 놓고 그 시간에 그 장소에서는 하는 것이다.

② 주변에 절대로 얘기하지 않는다

직장인들이 많이 실수하는 것 중 하나가 자신의 새로운 길을 가는 것에 대한 기대감 때문에 자신도 모르게 주변 동료에게 얘기를 한다는 것이다.

이런 이야기가 나오면 제대로 일을 하더라도 의심의 시선, 크게는 상사에게 찍히게 되는 경우가 생기게 된다. 어떤 문제가 생기면 다른 데 정신 팔려서 그런 것 아니냐는 의심을 받고 불합리한 대우를 받을 수 있다. 믿었던 동료들이 배신하거나 당신의 꿈을 응원하기보다는 알게 모르게 조롱하거나 깎아내리는 경우도 흔하다.

주변의 시선들로 점점 작아져 자신의 꿈을 포기하는 경우를 무수히 많이 봐 왔다. 고독하고 외로워서 응원받고 싶은 마음이 생기더라도, 진짜 내 꿈이라면 나의 응원으로 충분하기에 한 걸음씩 차근차근 쌓아 가기를 바란다.

③ 포기할 것을 먼저 정해라

직장인들이 새로운 길을 가려다 보면 어쩔 수 없이 시간도 부족하고 집중력을 가지기도 힘들다. 인간의 에너지는 한정적이기 때문이다. 그러다 보면 지금까지 이어 온 관계나 업무에서 이전과 같은 퍼포먼스를 내거나 유지하는 것이 어려울 수 있다. 사람들과의 트러블이 생길 수도 있고 자신의 성과물이 예전보다 만족스럽지 못할 때도 있다.

이럴 때 그런 문제들을 회복하기 위해 시간을 쓴다면 앞으로 나아가지는 못할 것이다. 불편함을 받아들이고 관계들을 포기하는 것이 필요하다. 마치 결혼을 하고도 예전과 같이 친구들과 놀고 지내고 싶다면 배우자와 좋은 관계를 유지할 수 없는 것과 같다. 외부에 쓰던 시간들을 나에게 집중하면서 생기는 불편함을 견딜 수 있어야 몰입도, 성장도 빠르게 가능하다.

이제 진짜 당신의 삶을 살기로 마음을 먹었다면 나도 모르게 연결되어 있던 외부와의 자극을 최소화하는 게 가장 현명한 방법이다.

2단계는 프로를 지망하는 훈련 선수가 된 것처럼 하루하루 훈련하는 시기임을 잊지 말자.

지금까지 누군가가 시킨 방향대로 왜 해야 하는지도 모르는 채 해 왔다면 이제는 당신이 진정으로 선택한 길을 위해서 투자하고 배워 가는 시간들로 채워 가는 것이다.

자신의 업을 위해 고된 훈련 과정을 선택한 당신을 축하하며 3단계로 넘어가 보자.

3단계
리얼 서바이벌

 3단계 리얼 서바이벌 단계이다. 누군가에게는 취업이 될 수 있고 사업의 시작이 될 수도 있다.

 공통적인 건 진짜 '리얼' 현실을 마주하는 단계, 실전이 시작된 시기를 말한다.

 이 3단계는 1, 2단계와 근본적으로 다르다.

1. 2단계는 돈과 시간을 **투자**하고 있는 것
2. 3단계부터는 가치를 만들어 돈을 **받는** 프로 생활을 시작한 것

사자가 드디어 혼자 정글로 나왔다고 상상해 보자. 몸은 덩치가 크고 어른이지만 아직 사냥 초보인 사자는 부모를 통해 배운 지식과 경험을 가지고 사냥을 시작한다. 분명히 배웠고 연습도 했지만 사냥을 성공하는 건 쉽지 않다. 상대방도 필사적이기 때문이다. 가끔은 경쟁자가 가로채 가기도 한다. 억울하고 분하다. 같은 편이라 믿었던 친구들도 "야, 너 요즘 너무 잘나가더라."라며 이제는 호시탐탐 내 것을 노리는 것 같다.

냉혹한 현실을 마주하다 보면 포기할까 생각이 들기도 하고 부모님과 편안했던 시절이 그립기도 하다. 모든 것이 계획대로 되지 않고 합리적으로 결정되지 않는다. 실패하고 또 실패한다.

3단계에 들어서는 순간 너무나 당연하게 겪는 문제들이다. 원하는 일을 시작할 때는 마치 모든 게 장밋빛일 것처럼 설렜는데, 막상 현실은 장미는커녕 가시만 잔뜩 있는 덤불을 만난 기분이 든다.

"이렇게 고생할 줄은 상상도 하지 못했어. 생각도 못 한 일이 매일 벌어지는데, 마치 인생의 반전이야!"라고 외치는 것 같다.

정말, 이걸 하겠다고 했던 과거의 나를 찾아가 "이제라도 늦지 않았어. 스탑!"이라고 외치고 싶다. 이젠 웃음도 말라 간다.

* 3단계가 시작되면 반드시 만나게 되는 사람들

- 무능하고 감정적인 상사
- 얍삽하고 자기밖에 모르는 동료
- 앞뒤가 다른 인간들
- 노력의 배신
- 실적을 가로채려고 하는 사람들
- 어떻게든 책임을 전가하는 팀장
- 악덕 클라이언트
- 아이디어를 훔쳐 가는 경쟁 상대들

상상할 수 없는 불합리하고 비이성적인 일들을 마주하게 될 것이다. 세상이 나를 '억까'하고 있다는 생각이 들 수도 있다.

너무 심하다고 생각하는가?

이런 상황에 처하게 되면, "내가 이 길을 선택한 게 맞는 걸까?"라는 의문이 머릿속을 가득 채우게 된다. 그것은 점점 두려움으로 변해, 이 길이 정말 내 길이 맞는지에 대한 고민으로 밤잠을 설치게 될 수도 있다. 꿈꿨던 직업이 막상 현실에서는 반전 드라마의 주인공처럼 예측 불가한 모습으로 다가오니 말이다. 이곳에서는 꿈꿨던 직업의 진짜 민낯을 발견하게 된다.

수학 강사가 꿈이라면 수학을 좋아해서 열심히 공부하는 단계에서 수학을 가르쳐서 직접 돈을 버는 단계로 넘어가는 것이다. 이때부터는 수학 공부만 할 게 아니라 학생을 얼마나 어떻게 잘 가르칠 것인가에 대한 관점으로 전환이 되어야 한다.

복잡한 이론을 더 간단히 설명하고 공부를 지속적으로 할 수 있게 하는 동기부여 능력들이 필요해진다.

스스로 혼자 공부하고 정리할 때랑 완전히 달라지는 것이다.

하지만 이것을 이해하지 못하고 자기 공부만 잘하는 사람들은 학문적 실력은 있지만 강사로서는 살아남기 어려울 것이다.

왜냐하면 강사의 일에는 문제를 푸는 실력보다 중요한 핵심적인 능력이 따로 있기 때문이다. 수학을 잘하는 사람들은 많지만 일타강사는 소수인 이유이다.

돈을 받는 프로가 되었다는 것은 나의 서비스를 제공받는 이들을 만족시킬 줄 알아야 한다는 것이고 상관없어 보이는 여러 가지 상황들을 견뎌야 한다는 뜻이다.

학생들의 질의응답부터 교재 제작, 학부모 상담까지 수학을 가르치기 위해 공부만 하던 때와는 완전히 다른 환경을 마주하고 적응해야 한다.

정체성에 맞는 일로 돈을 벌고 실전에 뛰어들게 되면 판이 완전히 달라지는 것이다.

연습생 시절과 선수가 되었을 때 겪는 상황은 말로 설명할 수 없는 큰 차이가 있다.

어린아이가 아무것도 모르다가 부모의 품에서 벗어나 성인이 되어 사회생활을 시작하면 겪는 것과 비슷하다.

선택의 자유가 주어진 만큼 결과에 대한 책임이 부담스럽기에 어찌할 바를 모를 수 있다. 모든 상황들이 어색하고 당황스럽고 어렵다.

진짜 어른이 되기 위해 누구나 겪어야 하는 통과의례처럼 아이덴티티 워커가 되기 위해서 마주해야 하는 상황이다.

내부적, 외부적인 이해관계와 부딪히면서 하루하루가 롤러코스터같이 울기도, 웃기도 하며 지나간다. 그런데 이 단계에 오면 진짜 재미있는 게 있다. 멀리서는 보지 못했던 인간의 본성을 보게 된다. 사람들이 얼마나 계산적일 수 있는지, 얼마나 이기적인지 말이다.

이것을 모르고 순진하게 접근했다가는, 현타가 날아와서 제대로 맞고 말 그대로 '멘탈 붕괴'를 경험할 수 있다.

더 성숙해지기 위해 꼭 필요한 상황이라는 것을 알지 못하기 때문이다.

✦ 내담자의 실제 사례

첫 번째

그녀는 언어 치료사였다. 정확한 명칭은 언어 재활사라고 한다. 언어를 통해 고통받는 사람들을 도와주는 것을 천직이라고 생각해서 결정했다. 일에 대한 자부심과 의욕이 있었기에 대학원 진학을 결심했고 어려운 과정을 잘 견뎌 취업에 성공했다. 정말 원하던 일을 하게 되었으니 첫 출근이 너무 설레었다.

하지만 현실은 매우 충격적이었다고 한다. 의사소통이 어려운 아이들은 단순히 언어라는 하나의 문제만을 가진 것이 아니었다. 전반적인 발달에서 어려움이 많았고, 수업을 시작하기 전 아이들을 자리에 앉히는 것조차 큰일이었다. 아이들이 울고, 떼쓰고, 비명을 지르다가 바지에 실수하는 일도 빈번했다. 그렇게 아이를 씻기고 실랑이를 하다 보면 몸이 너무 힘들어져, 누가 들을까 봐 숨죽여 울기도 많이 울었다고 한다.

게다가 초임 같은 경우에는 자기 일뿐만 아니라 잡다한 잡일을 도맡아 해야 한다.

불합리하다고 느껴도 다른 회사로 옮기기에는 분야가 너무 좁아서 고민이 많았다.

"소문 한번 잘못 나면, 이 바닥에선 끝이야!"라는 사실을 알았기에 상사의 비위를 맞추느라, 하루에도 몇 번씩 "오늘도 제가 잘못했죠? 네, 제가 더 노력하겠습니다!"를 외치며 스스로 다독였다고 한다.

승진 T/O가 소수라서 동료들 간의 시샘이 장난이 아니었다. 누가 실수를 하면 마치 잭팟이라도 터진 듯, 속으로는 엄청 좋아하는 분위기였다. 그리고 꼭 누군가를 따돌리는데 이걸 안 하면 왕따가 될까 봐 눈치를 엄청 봤다고 한다.

일과는 전혀 관계없는 상황들로 너무나 괴로웠지만, 상태가 나아지는 아이들을 보며 겨우 버티고 버텼다고 한다. 그러나 시간이 지나면서 점점 정신적으로 무너졌고, 가장 충격적인 순간은 아이들의 진정한 치료보다 학부모에게 굽신거리며 돈줄을 끊기지 않게 하는 일이 더 우선순위라는 사실을 알게 되었을 때였다.

"내가 뭐 때문에 이 길을 선택했지?"라고 자문하게 되는 그런 순간이 아니었을까?

위 내용을 참고해서 나라면 어떻게 행동했을지 생각해 보자.

① 나도 같이 더러워서 안 다닌다며 남 욕만 하는 선배에게 사표를 던지기
② 같이 물들어 남 욕하면서 그곳에서 안주하기
③ 정해진 일만 하겠다고 대들기
④ 버티기
⑤ 더 이상 나랑 맞지 않는다고 생각해서 새로운 길 찾기

각기 상황에 따라 다른 답이 있을 수 있다. 자신의 아이덴티티에 맞는 것이지 아닌지를 기준으로 삼고 구분해서 선택하면 된다. 단, 힘든 현실만 보고 포기하는 건 맞지 않다.

세계적인 자기 계발서 작가 애덤 그랜트는 《오리지널스》라는 책에 이를 아주 잘 설명해 두었다.

주체적으로 성과를 만든 사람들조차 처음부터 조직에 벗어나는 행동을 하지 않았다는 것이다.
각자 자신의 위치에서 순응하면서 독창성을 발휘할 수 있는 **권한을 얻기**까지 이겨 내고 견뎌 내야 한다.

그리고 자신의 영향력이 생기는 순간부터 자신만의 것으로 더 큰 성공을 이루어 냈다는 것이다. 시스템을 바꾸기 전에 살아남아야 영향력을 행사할 수 있고, 그래야 세상을 바꾸든 싸우든 할 수 있다는 이야기다.

월트 디즈니의 회장인 밥 아이거 또한 말단 사원에서 회장까지 가는 과정을 상세히 회고하며 같은 말을 했다. 말단에서 온갖 불합리한 음해와 괴로움이 있었다.

하지만 자신이 하고 싶은 일을 위해서 참고 견디며 올라가다 보니 어느 순간 회장까지 될 수 있었다고 말이다. 일을 정말 사랑했기에 견딜 수 있었다고 말했다.

묵묵히 버티고 견디며 절대적인 실력을 쌓자. 일의 성과에 집중해 성장의 발판으로 삼는 것이다.
그러니 오늘도 마음속으로 "감정은 잠시 넣어 두고, 실력을 업그레이드해 보자."라고 외치자.

퇴사하는 콘텐츠가 범람하고 있는 시대와 전혀 다른 조언으로 보일 수 있다.

마음과 몸이 힘들다 보면, 주변에서 들려오는 달콤한 말들에 쉽게 현혹될 수 있다. "다 잘될 거야." "이제 곧 좋은 일이 생길 거야." 같은 말들이 잠시 위로가 되지만, 결국 그 말들이 우리의 삶을 대신 책임져 주는 건 아니다. 그런 말들은 누구나 쉽게 할 수 있는 것들이니까. 이런 상황에서 우리는 잠시 멀리서 냉정하게, 그리고 차분히 생각해 볼 필요가 있다. 감정에 휘둘리기보다는, 한 걸음 물러서서 진짜로 중요한 게 무엇인지 고민해 보는 것이다. 단, 인격 모독과 같이 몸과 마음에 병이 생길 정도라면 당연히 그만두어야 한다.

꿈을 정하고 길을 걷다 보면 아름다운 꽃길만 있을 거라 생각하지만 전혀 그렇지 않다. 현실에서 각 개인의 이해충돌은 어디에서라도 일어난다.

지금 이 단계는 훗날 온전히 독립하기 위한 과정이지, "평생 이렇게 하라."라는 의미는 절대 아니다. "이 또한 지나가리라."를 속으로 되뇌면서 결국 지금 하는 모든 노력은 미래의 나를 위해서니까, "조금만 더, 조금만 더!" 하고 버텨 보자는 것이다. 성공한 미래에 "아, 그때 그거 안 했으면 큰일 날 뻔했지!"라고 웃으며 말할 날이 올 것이다.

두 번째
간호사님의 이야기

 간호학과 다니는 동안 내내 '과탑'이었다. 고등학교 다닐 때도 공부를 잘했지만 집안이 어려워 어쩔 수 없이 장학금을 주고 취업이 빠른 간호학과를 선택했다. 약리학, 아동 간호학, 성인 간호학, 의학 용어, 국제 간호학 과목도 너무 흥미 있고 재밌었다고 한다. 교수님 추천서와 우수한 성적으로 바라던 병원에 좋은 조건으로 취직했다. 그리고 그때부터 수난 시대가 시작되었다.

 열심히 하고 싶은 마음에 출근도 일찍 하고 퇴근도 늦게 했다. 하지만 못마땅하게 생각했던 선배들은 여전히 그녀를 싫어했다. 잘하려고 하면 할수록 점점 관계가 안 좋아졌다. 스스로를 죽이고 맞춰 보자고 마음을 다잡고 노력했지만 환자, 보호자, 동료, 선배, 의사의 동네북이 된 것 같은 느낌이 들었고 점점 병들어 갔다. 내가 만난 당시에는 우울증약을 복용하고 있었다.

 똑똑하고 성실하고 교우 관계도 좋았던 그녀의 모습은 찾아볼 수 없었다.

간호학과 1등이 간호사 1등은 아니었다.

사람들은 전공 공부가 재미있으면 실무에서도 잘할 수 있겠다고 행복한 상상을 한다.

하지만 학생일 때 요구되는 능력과 실전에서 필요한 능력은 전혀 다르다.

그녀가 내게 물었다.

"혹시 미국 간호사로 가는 건 어떨까요? 우리나라보다 공정하고 실력 위주로 평가한다고 들었어요."

나는 차분히 대답했다.

"미국을 가지 말라는 이야기는 아니에요. 하지만 지금 도망치듯 떠나게 되면, 결국 제자리로 돌아갈 가능성이 큽니다. 그러니 다시 생각해 보는 걸 추천해요."

〈악마는 프라다를 입는다〉라는 영화를 보면 최고의 패션 매거진 '런웨이'에 기적같이 입사한 '앤드리아'는 악마 같은 보스, '런웨이' 편집장 '미란다'와 일한다. 24시간 울려 대는 휴대폰, 심지어 그녀의 쌍둥이 자녀의 방학 숙제까지 챙겨야 한다.

직장 문화는 우리나라에만 존재하는 특이한 문화가 아니다. 회사라는 조직 생활에 있어서 어느 나라에서나 필연적으로 나타나는 현상이다. 우연히 알게 된 프랑스 친구 엘리스와 대화하던 중, 상사가 강요하는 회식 문화가 한국에서는 소주라면 프랑스에서는 와인일 뿐, 그 강도는 한국만큼이나 힘들다는 이야기를 들은 기억이 난다. 물론 문화 차이는 존재하지만, 시스템 안에서 움직여야 한다는 사실은 변함이 없다는 점에서 결국 어느 나라에서나 비슷한 상황을 마주하게 되는 셈이다.

아마존의 악명 높은 조직 문화는 알 사람은 다 알고 있을 것이다. 오죽하면 10년 동안 다녔다는 것 자체가 엄청난 경력으로 간주될 정도다. 자율적인 프로젝트를 꿈꾸며 실리콘밸리에 진출한 수많은 개발자들이 있지만, 그들 중 많은 이들이 1~2년을 버티지 못하고 떠나는 경우가 비일비재하다.

"공간은 공백을 허용하지 않는다."라는 말처럼, 회사에 내가 없어도 그 자리는 결국 누군가가 기가 막히게 채우게 될 것이다. 그러니까 나 없으면 안 될 거라고 생각하지 말자. 똑똑하게, 센스 있게 자신의 삶을 지키며 다음 단계를 바라보는 전략적인 사람이 되어 보자.

그녀는 상담 이후 어떻게 되었을까?

퇴사했을까? 계속 적응하면서 다녔을까?

그녀는 퇴사했다. 하지만 도망치듯 한 것은 아니었다. 상담 이후 그녀는 완전히 변해 학생 때 마인드를 벗고 곰이 아닌 여우로(?) 변신했다. 수간호사, 과장님, 동료에게 매우 잘하며 인정을 받았다고 한다.

그리고 퇴사를 결심한 이유는 외부적인 상황이 아닌 그 업이 본인과 정체성이 맞지 않는다는 것을 깨달았기 때문이다.

사실 그녀는 간호사의 일이 좋아서 공부하기보다는 의학연구가 좋았던 사람이었다.

그녀는 석사과정을 무사히 마치고 제약회사 연구직으로 일을 하고 있다. 의료 지식을 연구하고 탐구하면서 사업을 하고 싶은 게 꿈이라고 말했다.

사람이 싫어서, 조직이 안 맞아서가 아닌 나의 길과 맞지 않아서 다시 정하는 건 언제나 옳다.

(1) 좋아하는 일의 의미

내가 좋아하는 일을 하기 위해서는 싫어하는 일을 할 줄 알아야 한다.

현실에 대한 고려 없이 희망만 떠드는 사람들이 있는데 그건 너무나도 무책임한 사람들이라고 생각한다.

커피가 좋아서 카페를 창업한 지인과의 대화가 기억이 난다.
"좋아하는 커피 만드는 일을 하니깐 넘 부럽다."라는 말에 "커피숍의 일 중에 커피 내리는 일은 1%도 안 돼."라고 답했다.

"그럼 어떤 일을 주로 해?"라고 물으니,
"진상 손님 대처, 마케팅, 알바 관리, 세금 관리, 재고 관리, 청소 등등 수없이 자잘하고 싫은 일도 함께해야 하지."
"그중 제일 스트레스는 뭐야?"
너무 의외였다. 바로 화장실 청소다. 자주 화장실이 막혀서 곤혹이라고 한다.

가끔 이런 문구가 생각난다. "변기가 아파요."

매출이 나지 않던 시절 당연히 본인이 매일매일 청소를 해야 됐는데, 비위가 약하다 보니 너무 힘들어서 그만두려고 했다. 지금은 다행히 직원들이 생겨서 한결 편해졌다고 한다.

그리고 다양한 원두를 공부하고 브루잉을 하는 법을 연구해 자신만의 커피를 줄 때 가장 짜릿하다고 말한다.

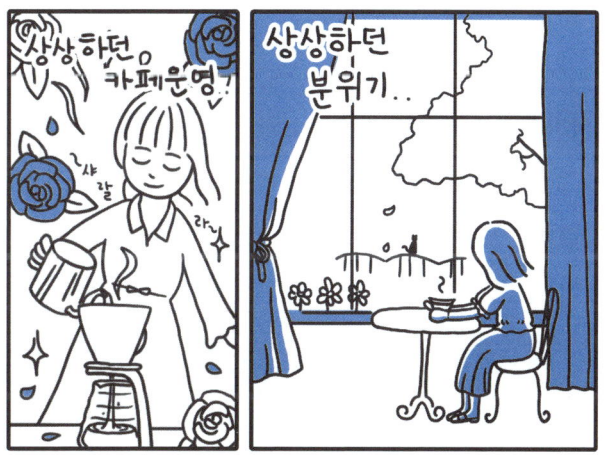

    좋아하는 일 1%를 위해서 싫어하는 일 99%를 자연스럽게 받아들이는 것이 일을 사랑하고 있다는 것이고 진정한 아이덴티티 워커가 되었다는 뜻이다. 당신이 사랑하는 사람이 싫어하는 행동을 하더라도 품어 주고 사랑하는 것처럼 말이다. 만약 싫어하는 일 때문에 좋아하는 일까지 싫어지고 있다면 다시 한번 방향을 고민해 보는 게 현명하다.

(2) 세상이 당신을 몰라준다고 생각한다면?

'나일할, 나이자'라는 줄임말 아는가?

- 나일할: 나 이런 일 할 사람이 아니다.
- 나이자: 나 이런 자리에 있을 사람이 아니다.

위의 생각으로 퇴사를 생각하고 있다면 큰 착각에 빠져 있을 가능성이 높다.

이런 사람들은 자신의 능력을 세상이 알아봐 주지 못한다고 생각한다. 요즘 유행하는 회귀물의 주인공처럼 어떤 동아줄이 나타나 갑자기 자신이 엄청난 사람이 될 수 있다는 꿈을 꾸고 있다.

성공하지 못한 이유를 운이 나빠서 또는 주변을 탓하는 경우다.

"세상이 잘못된 거 같아. 인재를 못 알아보네. 나를 버렸어."라며 혼자 비운의 주인공이 되어 드라마를 찍는다.

피부 마사지를 하며 성실히 일하시는 어머니가 아들을 데리고 온 적이 있다. 취직하면 한 달을 못 참고 기어 나온다는 것이다.

(그분의 표현을 그대로 썼다.)

경험을 쌓는다고 유럽 여행을 보내 달라고 하기에 못마땅하지만 자식인데 어쩌겠는가? 다녀와서도 똑같은 모습을 보이니 너무 답답한 마음에 나를 찾아오셨다.

대화를 해 보니 '나일할' 유형의 사람이었다.

자기의 꿈에 대해서 있어 보이는 말로 포장하며 뜬구름 잡는 이야기만 늘어놓았다. 본인은 누구 밑에서 일을 할 사람이 아니며 그래서 사업을 하고 싶다고 했다. 하루 일과를 물어보니 늦은 아침에 일어나 헬스를 갔다가 밥 먹고, 책 읽고, 저녁에는 명상을 하며 성공학 유튜버의 영상을 보고 필기하며 되뇐다. 가끔 약속이 있을 때는 외출을 한다고 했다. 그리고 자신은 자기에 대해 너무 잘 알고 있기에 상담은 필요가 없다고 했다.
어머니께서 돈만 주면 바로 사업을 시작하려고 하니까 설득해 달라고 말했다.

이야기를 다 듣고 그를 돌려보냈다. 자기 객관화가 너무 부족한 사람들은 진실을 받아들이기 어렵기에 누군가의 설득이 불가능하다는 것을 잘 알고 있기 때문이다. '나일할', '나이자'인 분들에게는 어떤 말도 통하지 않는다. 이들은 현실을 잘못된 시선으로 바라보고 있기 때문이다. 자기 방어적 태도가 현실감각을 떨어뜨리고 있는 것이다.

가끔 무작정 연예인이 되고 싶어서 찾아오는 분들을 보곤 한다. 모든 사람이 자신을 좋아하는 인기인이 되고 싶다는 것이다.

이야기를 들어 보면 알비 하나 제대로 해 본 직 없다. 인젠가 유명해졌을 때 혹여나 과거가 '발목 잡을까' 하는 쓸데없는 걱정을 해서다.
무작정 꿈만 꾸라고 말하는 것이 얼마나 위험한지를 보여 주는 사례들이다.

유튜브가 발달하면서 세상을 잘 모르는 청년들에게 일확천금을 설파하는 몇몇의 무책임하고 달콤한 말이 그들을 망치고 있다는 생각이 든다. 당장 수중엔 몇십만 원도 없으면서 조 단위 부자들의 이야기를 하고 있으니 참 안타깝다.

나도 처음에 일을 시작했을 때는 정말 꿈과 희망에 부풀어 있었다. 꿈을 좇아 열심히만 하면 알아서 되겠지라는 안일한 생각을 했다. 방황을 하는 분들에게 희망을 드려야지 하며 진정성만 통하면 알아봐 주시겠지 하는 생각만 가지고 모험을 했다.

30살 늦은 나이에 완전 새로운 영역에서 일을 한다는 것이 현실적으로는 쉽지 않았다. 패기 있게 사무실을 차렸다. 그리고 3개월 동안 아무런 연락도 오지 않았다. 내 안은 거창한 꿈을 꾸며 소란했지만 세상은 고요했다.

언제 올지 모르는 손님을 기다리다 지쳐 진로와 관련된 책들을 전부 읽었다. 진로자료도 정리하며 외국 논문까지 공부하면서 빈 시간을 채워 갔다. 손님이 없었기에 사무실은 자연스럽게 나의 연구실(?)이 되었다. 슬픈 현실이었다.

월세는 매달 나가고 주변의 시선은 따가웠다. 주말엔 생활비를 벌기 위해 백숙집 알바를 했다. 백숙집을 선택한 이유는 간단했다. 그릇이 무겁기에 알바비를 꽤 많이 주고 당일 정산해 주는 곳이었기 때문이다. 그 돈으로 겨우 연명하며 버텼다.

그뿐만이 아니라 사무실, 나의 외모, 말투, 학벌, 성별 등등으로 트집 잡는 사람들 때문에 눈물로 지새는 날들도 많았다. 압도적인 실력을 갖추지 않으면 아무도 믿어 주지도 인정해 주지도 않는다는 것을 현실을 마주하며 알게 되었다. 세상이 나를 몰라본다고 울고만 있었다면 지금의 나는 없었을 것이다. 실력을 키우기 위해서 비는 시간을 꽉꽉 채워 무료 상담을 시작했다. 많게는 하루에 10명 이상 입에 단내가 나도록 설명하고 피드백을 받아 가면서 보낸 세월이 있었다.

그때 나는 정말 미친 사람이었다. 지쳐 잠든 어느 날, 새로운 길을 응원했던 어머니도 나의 몰골을 보기가 어려우셨는지 이제 그만하면 어떻겠냐고 조심스럽게 울면서 이야기했던 날들도 있었다. 가슴이 먹먹해지고 포기하고 싶었던 순간이 기억난다. 그때마다 나의 글을 읽고 또는 상담을 받고 용기를 얻었다는 분들의 글을 보고 힘을 냈다.

고객들의 감사 편지

　냉혹한 현실을 견디며 지금의 결과를 이루어 낸 본질적인 이유는 진짜 나의 아이덴티티에 맞는 일이었기 때문이다.

　온라인서비스 없이 오프라인으로 고객들을 만나다 보니 일이 거의 몇 배나 된다. 검사지 분석, 질의응답, 내담자 자료 정리, 보고서 작성, 직원 관리, 세금 관리, 강의 준비, 협업 미팅, 블로그 글쓰기, 사무실 비품 정리, 탕비실 관리, 유튜브 촬영 등등 신경 쓸 게 너무나 많다. 이 중에서 익숙하지만 여전히 하고 싶지 않은 일들도 있다.

하지만 이 일을 사랑하면서 느끼는 만족감이 너무도 크기에 싫어하는 일에 큰 의미를 두지 않았다.

내 이야기를 하는 이유는 가장 현실적인 부분을 공유하고자 함이다. 가끔 나와 비슷한 일을 하고 싶다는 메일을 받곤 한다. 그런 분들과 대화를 나누며 현실적인 부분을 얘기해 주면, 상상과 다르다며 고민해 봐야겠다고 하는 경우를 종종 보게 된다.

이는 멀리서 보이는 이미지가 전부라고 착각하기 때문이다. 겉으로 화려해 보이는 일도, 가까이 다가가 보면 예상치 못한 어려움이 있을 수 있다는 점을 이해하는 것이 중요하다.

어떤 사람 때문에, 환경 때문에, 불합리함 때문에 하고 있는 일에 대한 열정이 식고 그만두려고 마음을 먹고 있는가? 그럼 이것만 기억하라.

당신의 타고남과 맞는 방향이라면 견디고 실력을 키우자.

진짜 꿈이라면 넘어지지 않을 것이다.

〈넥스트 인 패션〉이라는 오디션 프로그램이 있다. 전 세계의 18명의 디자이너들이 모여 제한 시간에 옷을 만들어 내는 프로그램이었다. 한 출연자가 평가를 받는 중에 심사위원에게 본인이 흑인이라는 이유로 얼마나 차별받았고 자기의 디자인을 대기업에서 카피해서 너무 억울하다는 호소를 한 적이 있었다. 이때 나는 "힘드셨군요. 얼마나 억울했을까요."라며 형식적인 위로를 해 줄 줄 알았다. 하지만 그의 말은 너무나 인상적이었다. 그는 억울해하는 참가자에게 이렇게 이야기했다.

"나도 지금 업계 안에서 인정받는 위치에 있지만 여전히 그런 일을 비일비재하게 겪는다. 그건 이겨 내야 되는 부분이지 징징거려서 달라지는 건 없다. 여전히 자기 디자인을 훔쳐 가고, 뒤에서 모함하고, 대기업이 먼저 선수 치지만 그것까지 이겨 내고 실적을 만드는 게 프로다."

진짜 꿈을 이루는 사람은 환경 탓이 아니라 실력으로 증명할 뿐이다.

(3) 비범함을 꿈꿔라

3단계를 빨리 탈출하는 방법은 무엇일까?

정답은 감각을 기르는 것이다.

《철학은 어떻게 삶의 무기가 되는가》의 저자 야마구치 슈와 일본 최고의 경쟁 전략 전문가 구스노키 겐이 출간한 《일을 잘한다는 것》은 "일하는 사람은 많은데 왜 일을 잘하는 사람은 별로 없을까?"라는 질문으로 시작한다. 예전엔 일을 잘한다고 하면 '기술(skill)'을 가지고 있는 사람을 말했다. '평균값'의 제품을 생산할 수 있는 기술만 있으면 일을 할 수 있었다. 하지만 오늘날 저성장 뉴 노멀 시대에 필요로 하는 회사는 범선이 아니라 크루저이다.

* 고도성장기에는 모두 같은 방향만 보고 가도(범선) 되지만 오늘날은 선장이 어디로 갈지 스스로 결정을(크루저) 해야 한다.

과거에는 불가능했던 스몰 브랜드의 성공 사례도 점점 늘어날 수밖에 없는 이유다.

평균적인 사람이 아니라 뾰족하지만 자신만의 무언가가 있는 사람들이 성공하는 시대이다.

이제는 시키는 대로 말 잘 듣고 공부만 열심히 한 모범생 같은 사람들, 상위 티어 대학 출신, 좋은 스펙, 자격증을 많이 보유한다고 해서 인재라 여기지 않는다.

마케터가 되고 싶다면 석사, 박사 학위를 가지고 있는 것보다 실제로 SNS를 운영해서 직접 성과를 낸 사람들, 팔로워 10만 아니, 1만 명이라도 만들어 본 사람이 더 각광받는 시대가 되었다. 실전에서 필요한 일머리가 중요해졌다.

실력을 기르는 방법은 한 가지밖에 없다. 자신에게 맞는 분야에서 부딪치고 또 부딪쳐 나가 직관을 만들어 내는 것이다. 이 과정은 고통스럽기 때문에 피하고 싶어진다. 하지만 실력을 키우기 위해서는 고통을 의식적으로 선택하는 것이 필수적이다.

당신의 능력을 과소평가하지 말자. 잠재된 재능에 이끌려서 일을 하고 있다면 혹독한 환경에 스스로 몰아붙일수록 어느새 향상된 자신을 보게 될 것이다.

조직에 적응하며 마음 안 맞는 거래처와 무능력한 상사의 괴롭힘, 시기 질투하는 동기들 사이에서 노련하게 찰떡같이 프로젝트를 성공시키는 복잡하고 유기적인 능력을 키워 보자.

(4) 히든에셋, 보석 같은 숨겨진 자산

지금까지 잘못된 방향으로 커리어를 쌓아 온 분이 있을 것이다. 꼭 기억했으면 하는 부분이 있다. 내가 해 온 일들이 분명 장애물을 뛰어넘을 수 있는 하나의 발판이 되어 줄 것이라는 사실이다.

사회복지사로 일하던 E 양은 진짜 자신이 원하는 일이 무엇인지 찾기 위해 나를 찾아왔고 상담을 통해 마케터라는 직종을 찾았다. E 양은 마케팅학과에 갔을까? 아니다. 작은 회사의 신입으로 들어가서 블로그마케팅을 맡았다. 2년 동안 폭파한 블로그만 10개가 넘었다.

현재는 재능과 잠재력을 굳게 믿고 한발 한발 버티고 버티다 보니 어느새 신입을 가르치는 팀장이 되어 있었다고 말한다. 이제는 자신의 브랜드를 만드는 게 꿈이라고 했다.

그녀에게는 비전공자에다가 나이가 있는 신입으로 회사에서 잘 버틸 수 있었던 노하우가 있다고 했다.

과거 사회복지사로 일하면서 매년 노인들, 청년들을 상대하며 늘었던 인간에 대한 이해가 도움이 되었다고 한다.

이것을 '히든에셋'이라고 말한다. 나도 알지 못했던 숨겨진 자산이라는 의미이다. 알바했던 경험들, 공모전을 했던 경험들, 교양으로 읽었던 책들, 연인과의 관계에서 배운 것들 등등 조각조각으로 퍼져 있는 것들이 언젠가 진짜 나의 일을 해 나갈 때 자양분이 되어 줄 것이다.

 그렇기에 지금까지 어떤 삶을 살아왔는지, 잘못된 방향으로 선택해 온 것들에 대한 후회보다는 다양한 경험을 해 온 자신을 칭찬해도 된다.

실패의 연속으로 생긴 상처들이 어떤 상황에도 넘어지지 않는 거인으로 만들어 줄 것이다.

당신을 미련하다고 무시하던 사람들이 어느 순간 커진 당신을 보며 땅을 치며 부러워하는 순간이 반드시 온다.

* 단계 요약

1단계 파인드 아이덴티티: 정체성에 맞는 일 찾기

2단계 코스트 트레이닝: 공부와 훈련하기

3단계 리얼 서바이벌: 실전 감각 기르기

4단계
스페셜 캐릭터

 3단계에서 적응과 실전을 통해서 일에 대한 감각이 생기게 되었다면 다음 단계는 본인만의 무기와 색깔로 스페셜함을 만드는 단계이다.

 이 단계에서 인간의 유형은 리셋형 인간, 링크형 인간으로 나뉜다.

 커리어 리셋형: '리셋' 버튼을 누르면 처음부터 다시 시작하는 것처럼, 자주 새로운 시작을 하는 사람들을 말한다. 어떤 일을 시작할 때 열정적으로 호기 있게 시작하지만 막상 해 보면 그렇지 않다는 걸 깨닫고 다시 호기심과 재미를 찾아 새로운 것을 시작하는 사람이다.

그래서 이들의 경력을 보면, 6개월에서 1년 사이의 짧은 기간 동안 여러 가지 일을 해 왔지만, 그 어느 것도 경력으로 내세울 만한 게 없는 유형이다.

커리어 링크형: 하나의 줄기를 따라 계속해서 자신만의 전문성을 쌓아 가는 사람이다. 이들은 시작한 일을 꾸준히 이어 가면서 점점 더 깊은 지식과 경험을 쌓고 자신만의 독자적인 경력을 만들어 간다. 오랜 시간 한 분야에서 전문가로 성장하면서, 경력이 서로 연결되어 탄탄한 기반을 이루게 되는 유형이다.

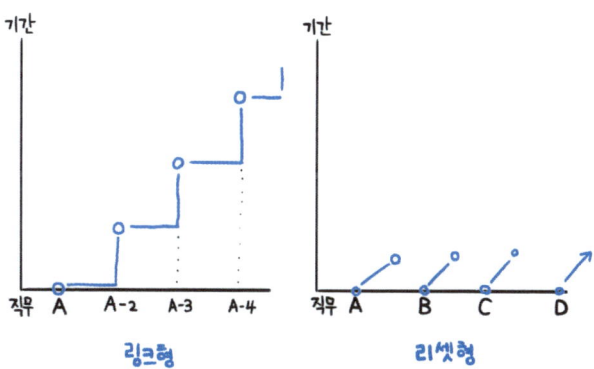

나의 현재 모습이 리셋형이라면 1단계부터 다시 생각해 봐야 한다. 4단계는 링크형에게만 해당되는 이야기이다. 이 단계부터는 차별화가 핵심이다.

운동선수라고 생각해 보자. 훈련하고 버티고 견디고 견뎌서 1군 선수가 되었다. 이제부터 주전이 되고 롱런하기 위해서는 뭐가 필요할까? 선수들과 상담을 하다 보면 겨우겨우 1군에 오면 진짜 괴물들만 남아 있어서 압도적인 실력이 있는 사람들을 제외하고는 숨이 턱턱 막힌다고 말한다. 그중에서도 끝까지 이겨 내는 선수들은 한 단계 뛰어난 자신만의 무기를 가진 사람들이라고 말한다.

체력이 압도적으로 높다거나 롱 패스를 기가 막히게 한다거나 중거리 슛이 뛰어나거나 감독이나 코치 선수들 사이에서 "이거면 누구지."라는 말을 듣는 사람이 결국 오래 살아남는다.

그리고 사람은 익숙해지기 시작하면 그 자리를 유지하고자 하는 관성이 생긴다. 또는 자신의 단점을 고치려는 데만 치중해 장점을 더 뾰족하게 만들 기회를 놓치기 쉽다. 이 경우는 회사원들에게 많이 나타난다.

매일 혼나고 지적받다가 진급을 하다 보니 이제는 좀 더 편안하고 버티는 선택을 하게 된다. 실력보다는 사내 정치에 집중하는 경우도 많다. 무사안일주의를 선택하게 되고, 그렇게 자신만의 색깔이 없어져 버리는 것이다.

이런 패턴은 과거에는 퇴직 이후의 삶이 짧아 큰 걱정거리가 되지 않았지만, 이제는 상황이 완전히 달라졌다. 퇴직 후의 시간은 생각보다 훨씬 길어졌고, '은퇴 후 10년만 버티면 된다'는 생각은 이제 완전히 시대에 뒤떨어진 이야기다. 평균수명이 100세를 넘어가는 시대에, 60세에 퇴직하고도 남은 40년, 50년을 어떻게 보낼지 준비하지 않고 있다. 그 긴 시간을 채울 실력이 없다면, 그 시간은 단순한 공백이 아니라 생존을 위협받으며 겨우 버텨야 되는 삶이 될 수 있다.

퇴직 후에도 다시 사회에 뛰어들어 스스로 새로운 길을 만들 수 있는 실력이 있어야 한다. 회사 이름과 직책이 사라진 후, 당신이 보여 줄 수 있는 것이 없다면, 그동안 쌓아 온 경력은 공허한 껍데기에 불과한 것이다. 실력이 없는 경력은 아무 의미가 없게 된다.

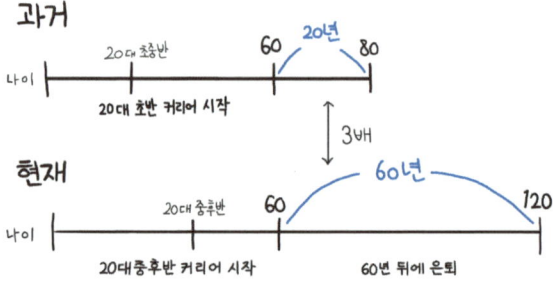

* 커리어 시작은 늦어졌고 은퇴 이후 기간은 길어졌다.

아이덴티티 워커를 꿈꾸는 사람들은 또다시 성장을 위해 컴포트 존에서 나와 뛰어들어야 한다.

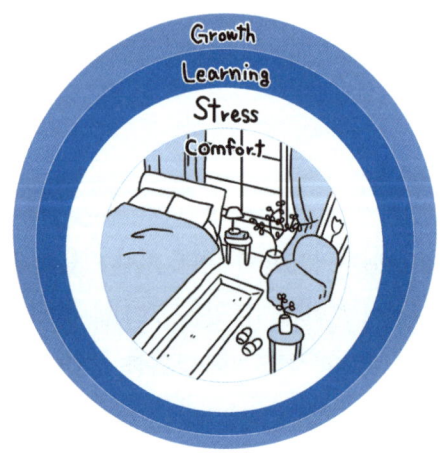

1년 차 때 두각을 나타내고 좋은 결과를 냈던 프로 운동선수가 2년 차 때에 급격히 무너지는 소포모어 징크스라는 게 있다.

 1년 차에는 실력과 운이 따라 줘 좋은 성과를 내기도 한다. 진짜 실력이었다면 좋은 결과를 지속적으로 낼 것이다. 그러나 2년 차에 접어들어 경쟁자들이 분석하고 대응책을 마련하기 시작하면, 이전에 통했던 방식들이 점차 효과를 잃게 되고, 슬럼프에 빠지게 된다. 이 시점에서 필요한 것은 자기만의 무기를 발전시키기 위한 훈련이다. 하지만 일부 선수들은 현실을 직시하지 못한 채 상황을 외면하다가 결국 도태되고 만다. 반짝하고 사라지게 되는 것이다. 현실에 안주한 선택이 궁극적으로 돌이킬 수 없는 결과를 초래한다.

 이러한 현상은 스포츠뿐만 아니라 다양한 분야에서도 나타난다. 첫 번째 결과물에 비해 두 번째 결과물이 부진하거나, 진급하면서 이전보다 저조한 성과를 기록하게 되는 현상은 흔히 벌어지는 상황이다. 이는 익숙함에 안주한 결과로, 성장의 기회를 놓쳤기에 발생하는 것이다.

업무나 경력이 익숙해지는 시점에서 나만의 강점을 더욱 명확하게 정의하고, 그것을 차별화된 경쟁력으로 발전시킬 수 있어야 한다.

나의 분야에서 더 뾰족하게 만들 것은 무엇인지 곰곰이 생각하고 발전시켜 보자.

치과 의사 중에 임플란트를 아프지 않고 빠르게 하는 의사인지, 성형외과 의사 중에 코 수술을 기가 막히게 하는 의사인지, 기획서 작성을 참신하고 깔끔하게 잘하는 사람인지, 발표를 누구보다 설득력 있고 유머 있게 하는 사람인지, 마케터라면 자신이 제일 자신 있는 SNS는 어떤 것인지, 미용사라면 남자 커트를 진짜 잘하는 사람인지 말이다.

분야에서 전반적인 능력치를 갖추고 플러스알파로 자신만의 무기를 만들고 이루어 내 보자.

일생 동안 성공한 사람들을 연구하고 전 세계적으로 5,000만 부를 판 베스트셀러 작가인 나폴레온 힐의 자서전에 나온 이야기가 있다.

한 공장의 기계가 갑자기 멈췄다. 직원들이 고치려 했지만 소용이 없자 전문가를 부르게 된다. 전문가는 한참을 보더니 한 귀퉁이를 망치로 내리쳤고 기계가 작동되었다. 얼마 후 200달러가 적힌 청구서를 보고 고작 망치 한 번인데 너무 비싸다며 공장 주인은 전문가에게 청구서를 다시 요구했다.

전문가가 보낸 청구서에는 이렇게 적혀 있었다.

청구서 = 200달러

망치로 치는 일 5달러

+ 망지로 칠 자리를 찾는 일 195달러

진짜 실력자들이 가치를 인정받는 이유이다.

당신이 키워 온 감각의 결과가 실력으로 드러나고 곧 경제적 보상으로 따라오게 된다. 평범한 사람과 전문가의 차이는 일상에서 문제를 보고 특별한 패턴을 감지해 내는 감각과 보편성과 특수성을 구분할 수 있는 눈이다.

만약 공장에서 애매한 전문가를 계속 불렀다면 가격은 조금 쌀 수 있지만 제대로 기계를 고치지 못해서 시간 낭비, 돈 낭비를 하게 될 것이다. 어쩌면 그 기계를 더 쓸 수 없어 엄청난 손해를 볼 위기에 처할 수도 있다. 더 큰 비용을 지불해서라도 제대로 된 전문가를 다시 찾을 것이다. 자기만의 전문성을 갖추면 경제력이 보장되는 이유이기도 하다.

일상에서 서비스를 제공받다 보면, 가끔 전문성이 부족한 서비스로 인해 불쾌함을 느끼거나 돈이 아깝다는 생각을 해 본 적이 있을 것이다.

예를 들어, 특별한 날을 위해 예약한 고급 미용실에서 기대했던 스타일이 나오지 않아 실망하거나 피부 관리를 받으러 갔는데 오히려 피부 트러블이 생긴 경우가 있다. 이런 상황들은 해당 전문가가 꾸준히 공부하지 않고, 기존의 방식만 고수하다가 실력이 부족해져 발생하는 일이다. 어떻게든 일은 시작했지만 실력이 없는 경우도 있을 것이다.

자신의 부족함을 자각하지 못하고 계속 같은 방식으로만 일을 처리하다 보면, 결국 자연스럽게 도태될 수밖에 없다.

4단계는 이렇게 '꼭 나'여야만 하는 스페셜함을 갖추어 가는 단계를 말한다. 첫 번째는 새로운 독보적 무기를 만드는 방법, 두 번째는 기본의 방식에서 기존의 분야를 더하는 방법이 있다.

 반찬 가게로 성공했다면 이제는 반찬을 초보자도 쉽게 만들 수 있는 방법을 고안해서 유튜브를 만들어 '반찬을 사랑하는 아가씨'라는 채널 운영자가 되어 도전해 볼 수 있다.

회사에서 인정받는 디자이너 팀장이 평소에 촬영했던 작품을 디자인 감각을 더해서 새로운 작품들로 만들기 시작했다.

연기만 배운 배우가 운동을 배우고 코미디를 공부해서 액션 코미디 연기를 하는 것 등등 나의 분야에 다른 분야를 섞어서 도달하는 단계이다. 마치 물감에 새로운 색깔을 넣으면 물감에 없는 색깔이 나오는 것처럼 말이다.

세계적으로 성공한 사람들을 인터뷰하고 정리했던 팀 페리스는 본인의 저서 《타이탄의 도구들》에서 믹스를 통해 자신만의 차별화를 만들어 내는 것이 성공의 방법이라 말했다. 당신도 지금까지 뾰족하게 만들어 온 도구에 다른 작은 도구를 적절히 합친다면 당신만의 새로운 무기를 만들어 낼 수 있을 것이다.

* 4단계를 이루기 위한 두 가지 방법

① 새로운 무기 만들기
② 기존 무기와 다른 작은 무기를 합쳐서 특별한 무기 만들기

퍼펙트 아이덴티티 워커

대중성과 인지도를 얻게 되는 시기이다. 어떤 분야의 전문적인 실력을 가진 사람을 넘어서 대중적인 아이콘이 되는 것이다.

5단계에서는 앞에서 말해 온 재능과 노력보다는 운의 영역이 더 크다.

국내에서 톱스타인 이정재 배우가 넷플릭스 플랫폼의 발달과 〈오징어게임〉이라는 희대의 작품을 만나면서 세계적인 인지도를 쌓게 되었다.

엄청난 인지도가 생기며 동양인 최초로 스타워즈 시리즈의 제다이 역을 맡게 되었다.

간단한 예시이지만 이미 성과를 이루고 있는 상황에서 행운이 찾아와 대중적인 인기를 얻어 큰 성과를 이루는 단계라고 할 수 있다.

이 단계에 이르기 위해서는 운이 필요하다. 그럼 운이니까 그냥 흘러가는 대로 있으면 될까? 운을 나의 편으로 만드는 방법들을 적용해 보자.

① 공간

머물고 있는 공간에서 더 큰 기회가 있는 곳으로 옮긴다.

지방에서 서울로 옮기거나
한국에서 외국으로 옮기거나
오프라인에서 온라인으로 옮기는 행위들로 장소를 넓히는 것이다.

지금 시대에 가장 좋은 활용 방법은 SNS를 통해 공간을 넘어 기회들을 만들려고 하는 것이다. 당신의 재능과 실력을 마구마구 퍼뜨려서 새로운 기회의 땅을 포착해 보라.

물리적 공간의 제약이 생각을 제한시키고 한계를 짓기도 한다. 유학을 통해 인생 전체가 바뀌는 경우를 보곤 한다. 새로운 공간에서의 경험들이 한 차원 높은 성장을 가져다주고 운 좋은 기회도 만들어 주기 때문이다.

외국인 중에서 한국에 와서 새로운 기회를 통해서 성공한 사람들도 많다. 만약 그들이 머물던 장소를 바꾸지 않았다면 지금의 성공은 없었을 것이다.

머물러 있던 공간에서 벗어나 더 큰 공간으로 갈 수 있는 곳이 어디인지 생각해 보길 바란다. 작업 공간, 사무실을 확장시켜 보는 것도 새로운 운이 작용할 수 있는 여지를 만들 수 있다. 공간의 확장이 일어나야 비어 있는 공간을 좋은 운으로 채울 수 있다.

② 사람

장소를 옮기고 공간을 만들었다면 다음은 사람이다. 예전처럼 학연, 지연만이 아닌 새로운 만남은 얼마든지 가능한 시대가 되었다.

같은 곳을 바라보는 사람과 협업하고 또 다른 시너지를 만들어 보는 것이다. 내가 어울려 다니는 친구가 나를 결정한다.

아예 모르는 사람들과 소통하고 다양한 사람들과의 교류가 생기면서 기회의 확장이 일어난다.

평소 관심 있던 새로운 모임을 만들고 참여하며 서로에게 도움을 줄 수 있는 기회를 만들어 보자. 2018년도에 책을 처음 출간하게 된 것도 블로그를 통해 내 글을 유심히 본 구독자의 제안으로 출판사 관계자를 만나게 되면서 이루어졌다.

전혀 생각하지 못했지만 새로운 사람을 통해서 기회가 생기고 좋은 결과가 따라오게 되었다. 꼭꼭 숨어 있지 말고 밖으로 나가야 한다.

반드시 오래되고 특별한 '찐친'을 만들라는 이야기가 아니다. 비즈니스적 관계를 찾아 보자.

스티브 잡스가 워즈니악을 만나면서 엄청난 도약을 해 낸 것처럼 혼자 성공했을 것 같은 사람들도 깊이 보게 되면 성장의 조력자 또는 파트너가 있었다. 당신이 멈춰 있는 것은 실력이 아니라 한 단계 성장시켜 줄 사람이 없기 때문일 수도 있다. 귀인을 찾아 보자.

③ 습관

좋은 습관 만들기는 많은 전문가들이 강조하는 분야이니 나는 다른 관점에서 이야기를 해 보려고 한다.

습관의 형태는 인풋, 아웃풋 두 가지로 이루어진다. 밸런스를 맞춰 최적의 습관을 만들기 위해 인풋만 하고 있다면 아웃풋의 습관을 추가해 보자. 아웃풋에만 습관이 되어 있다면 인풋을 좀 더 다양하게 늘려 가는 게 효과적이다.

예를 들어 독서만 하고 있는 사람은 글쓰기를 해야 되고, 글쓰기만 하고 있다면 독서 이외에 새로운 분야의 인풋을 채워 나가 보는 것이다.

나의 팁 하나를 공유하자면 전혀 다른 분야의 콘텐츠들을 의도적으로 인풋하는 시간을 꼭 가지는 것이다. 과학과 건축과 역사 콘텐츠를 챙겨 본다. 그럼 신기하게도 어느 순간 나의 전문 분야에서도 적용할 만한 아이디어가 나오고 이것은 곧 차별성 포인트가 된다.

이처럼 5단계의 ① 공간 확장 ② 다양한 사람들과의 만남 ③ 새로운 습관은 좋은 운을 만들 것이다. 운이란 땅이 아닌 하늘의 보살핌을 받는 것이다. 사람에게는 제각각 운의 드라마가 있다고 한다. 그리고 이것은 정해진 게 아니라 우리의 마음 상태와 연결되어 있다. 긍정성은 행운을, 부정성은 불운을 끌어당긴다. 나의 재능을 가지고 세상에 끝내주는 가치를 제공하겠다고 마음먹어 보자. 자신의 업에 대한 사랑이 곧 운을 더 불러 모으게 된다.

3,000년 넘게 전해져 내려오는 《주역》이라는 책이 있다. 이 책은 왕의 권력이 얼마나 오래갈지 예측하는 데 큰 역할을 했다. 당시에는 점을 잘 치는 사람이 곧 힘을 가진 사람이었다. 이 책에는 세상 모든 것의 존재 법칙과 규칙들이 64가지 상황으로 나뉘어서 담겨 있다고 한다.

그중에서도 특히 우리 인간의 삶에 대한 지침이 포함되어 있다. 어떻게 하면 잘 살 수 있는지, 즉 성공하고 행복할 수 있는 방법을 적어 놓았다.

책은 64가지의 각자의 타고난 일이 있으니 남들과 비교하지 말고 자신의 아이덴티티대로 살아야 한다는 것을 강조한다. 그게 바로 자연스럽게 우주의 도움을 받을 수 있는 비법이다.

새로운 도전을 눈앞에 두고 있는 분들에게

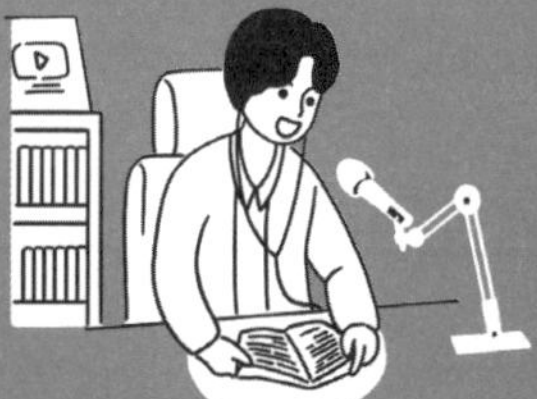

당신의 꿈은 무엇입니까?

성인이 되어 꿈이란 걸 꾸어 본 적이 있는가?
보통 꿈을 물어보면 아주 엉뚱한 대답을 한다.

"페라리요."
"한강 뷰 아파트요."
"예쁜 여자와 결혼이요."

이건 꿈이 아니라 얻고자 하는 하나의 목표이다.

 내가 정의하는 꿈은 소명 의식을 가지고 일을 하는 아이덴티티 워커의 모습이다.

타고남을 믿는다는 것은 자신만의 꿈을 키워 간다는 말과 같다.

내담자들을 상담하면서 불편한 진실을 공유해 보자면 처음 대화를 할 때는 몰랐지만 상담을 하다 보면 자신이 원했거나 꿈꿨던 일들이 실제로는 자신이 원했던 일들이 아니라는 것을 발견하게 된다. 발견이라고 표현하는 이유는 진짜 원하는 일은 따로 있었지만 알지 못했기 때문이다. 본인들도 굉장히 놀라워한다.

사실 그들이 하고 싶었던 일들은 멋있어 보이거나,
사람들이 우러러봐 주거나,
돈을 많이 번다고 생각하는 일일 뿐.

정말로 자신의 타고남과는 전혀 상관없는 것을 바라보고 있었다.

이들에게 필요한 건 애씀의 방향이 잘못되었다는 것을 인정하는 것과 진짜 원하지 않는 것들을 포기하는 용기다.

포기하지 못하는 이유는 대부분 현실적인 문제에 있다.

쌓아 놓은 경력이 이것뿐인데….
지금 받고 있는 연봉이 얼마인데….
재취업을 하지 못하면?

이때 필요한 건 논리적인 설득이 아니라 꿈에 대한 마음이다.

MMA 체육관 관장을 하는 분을 인터뷰한 적이 있다.

MMA 선수는 상위 0.1%를 제외하고는 돈을 벌지 못한다. 프로가 없기 때문에 환경은 어떤 스포츠보다 열악하다.

그렇기에 학생들이 이런 질문을 많이 한다고 한다.

"부모님이 반대하는데 어떻게 할까요?"
"돈을 거의 못 버는데 먹고사는 데 문제는 없을까요?"

관장님은 "이런 질문하는 친구들은 길어야 1년 안에 다 포기해요."라고 말씀하셨다.

자신의 진짜 꿈이라고 믿고 이루는 친구들은 현실적인 문제를 걸림돌로 느끼지 않는다고 말한다.

세계적인 MMA 챔피언들은 하나같이 똑같은 말을 한다. 챔피언의 자리는 오래전부터 생생하게 꿈꿔 온 장면이었다고 말이다.

무작정 현실을 포기하라는 말은 아니다.
다만, 우리는 과한 걱정들로 마음의 소리를 듣지 않고 있다.

꿈을 꾸고 일에 대한 소명 의식을 갖고 산다면 낭만을 가지면서도 열정적으로 살 수 있다.

자신의 꿈을 위해 성심성의껏 하루들을 채워 가다 보면 당장에는 막막하더라도 그 안에서 길이 반드시 생긴다.

"또 못살게 구네!"라는 유행어를 만든 영화 〈범죄도시〉로 스타가 된 박지환 배우도 인터뷰에서 똑같은 이야기를 한다.

강원도 시골에서 태어나 20년 무명 생활을 견디며 꿈을 키우고 살았으나 현실은 가난과의 끊임없는 싸움이었다. 1평 정도 되는 화장실에서 호스를 연결해 샤워하는 삶에 남들은 괜찮냐며 걱정했다고 한다.

하지만 그런 상황이 전혀 힘들지 않았다고 한다.

일을 너무나 좋아하고 사랑했기에 상황은 전혀 중요하지 않았다고 한다.

문득 힘이 들 때마다 스스로에게 끊임없이 질문을 던졌다고 한다.
"누구도 원망 안 하고 스스로 자책 안 할 수 있어?"라는 질문에 마음속에서 "이 일만 계속할 수 있다면 돈이 없어도 괜찮아."라는 답이 자연스럽게 나왔다고 한다.

이것이 타고난 꿈을 가진 사람의 힘이자 어떤 상황도 이겨 나갈 수 있는 원동력이다.

무엇을 어떻게 하느냐보다도 지금 하고자 하는 일이 진짜 나의 꿈인지 아는 것이 더 중요한 이유이다.

진실된 꿈은 어떤 어려움 속에도 자연스럽게 당신을 이끌어 줄 것이기 때문이다.

아무도 알려 주지 않은
인공지능 시대의 생존 전략

: 영혼을 담은 사람들

인공지능(AI)이 발전하면서 전문가들은 학벌도 라이센스도 점점 의미가 없어진다고 말한다.

많은 전문가들은 AI가 단순 반복 업무뿐 아니라 사람들의 일을 대다수 대체할 거라고 예측하고 있다.

오늘날, 우리의 삶은 급격한 변화를 맞이하고 있다. 도대체 어디서부터 시작해야 될지 어떤 것부터 노력해야 될지 더 막막해지고, 고민에 빠진다. 그러다 보니 허무주의자나 염세주의자가 되기도 한다. "서울대 가도 안 된다는데 나 같은 평범한 사람은 뭐 하러 노력을 하냐, 그냥 살자."라며 무기력해지는 것이다.

이런 변화 속에서 나는 두 가지 유형의 인간을 구분할 수 있다.

- **유영(有, soul)인:**
  타고남과 취향을 발휘해서 영혼의 향기를 풍기는 아이덴티티 워커

- **무영(無, soul)인:**
  영혼 없이 지시대로만 일하는 노동자

이 둘 사이의 차이가 미래 사회에서의 생존 여부를 결정 짓는 중요한 요수가 될 것이라 생각한다.

시키는 명령만 수행하는 사람들은 훨씬 더 잘 수행하는 AI에게 대체될 것이다. 진정으로 살아남는 사람들은 자신의 창의성을 발휘하는 사람들이다.

AI는 이미 많은 산업 분야에서 인간의 역할을 대체하고 있다. 공장에서의 조립 작업, 데이터 입력, 간단한 고객 서비스 등 많은 일들이 이미 자동화되었다. 단순한 지시를 따르는 것만으로는 미래에 생존하기란 버거울 것이다.

반면, 자신의 타고난 재능과 취향을 발휘해서 일을 하는 사람들은 고유한 시각과 아이디어로 세상에 기여한다.

이들은 AI가 대체할 수 없는 인간만의 감성을 통해 자신만의 가치를 만들어 내는 것이다.

AI 시대에서 살아남기 위해서는 자신의 아이덴티티를 발휘하는 것이 중요하다.

어찌 보면 아이덴티티 워커는 선택의 대상이 아니라 생존을 위한 필요조건으로 변화하고 있다고 생각한다.

아이덴티티를 찾게 되면 인공지능이든 과학 기술이 발전되든 아무런 상관이 없는 대체 불가능한 고유한 사람이 되는 것이다. 당신의 고유한 영역을 발견하고 발전시킬수록 그것을 원하는 사람들과의 연결성이 생기게 되고 AI가 흉내 낼 수 없게 된다.

당신이 좋아하는 가수와 똑같은 노래를 AI가 부르는 것이 형태로는 같지만 다가오는 감동은 전혀 다를 것이다. 왜냐하면 당신이 감동받는 것은 노래라는 소리의 기술만이 아니기 때문이다.

영혼이 없는 것에는 지속적인 힘은 없다.
모창 가수는 가수로서 롱런할 수 없는 것과 같다.

ChatGPT에게 메이크업 팁을 물어보면 '피부 톤에 맞는 색조를 선택하고 자연스럽게 블렌딩하라'고 이야기할 것이다. 똑같은 말을 뷰티 유튜버 이사배가 직접 메이크업을 시연하면서 같은 말을 한다면 어떤가? 영혼이 없는 ChatGPT 말에는 감동받지 않지만 이사배의 말에는 훨씬 더 공감하고 감동한다. 왜냐하면 그녀의 말에는 오랜 경험과 실력, 즉 영혼이 담겨 있기 때문이다. 일에 대해 영혼이 있는 사람이 되는 것이 AI가 대체할 수 없는 고유한 사람이 되는 것이다.

나의 아이덴티티를 이해하고 활용하게 된다면 AI는 두려운 게 아니라 나를 더 빠르게 성장시켜 줄 수 있는 친구가 되어 줄 것이다.

예를 들어 AI 기술이 없었던 과거에는 음악을 만들기 위해서 협업하는 사람들이 많아야 했고 스튜디오 비용도 비싸기에 시도조차 어려웠다.

하지만 지금은 개인의 작은 방이 스튜디오가 되고 많은 사람의 도움 없이 프로그램으로 대체해서 혼자 작곡을 하고 오케스트라 연주까지 하는 시대가 되었다.

돈이 없어서 할 수 없었던 꿈을 기술의 발전으로 펼칠 수 있는 세상이 된 것이다. 영혼을 담은 일을 하는 사람들에게 AI의 발전은 현실적인 장벽을 점점 낮추어 주고 있다.

그래서 자신의 서사를 담을 수 있는 일을 찾은 분들에게는 엄청난 기회가 되겠지만 아닌 사람들에게는 혼란만 가중될 것이다.

당신의 영혼이 담긴 서사를 위해 한 발자국씩 나아가는 것이 생존을 넘어 성공하는 방법이다.

직업에도 인연이 있다

 우리는 흔히 '인연'이라는 말을 사용할 때, 사람과 사람 사이의 관계를 떠올리곤 한다. 하지만 인연이라는 개념은 우리의 커리어와도 깊이 연관되어 있다.

 인연이란 단어를 보통은 '사람 인' + '이어질 연'으로 알고 있다.

 인연은 因緣(인할 인, 연분 연)이다.

 여기서 '인할 인(因)'은 '원인', '이유'를 의미한다. 이는 어떤 사건이나 상황이 다른 것에 의해 영향을 받는다는 뜻을 내포하고 있었다.

예를 들어 '인(因)'을 씨앗에 비유하면 '연(緣)'은 자연환경을 의미한다. 씨앗이 자라기 위해 필요한 햇빛, 물과 같은 외부 조건을 비유하는 것이다.

이런 인연의 원리는 커리어 선택에서도 동일하게 적용된다고 생각한다.

- 직접적인 원인: 인(因)은 아이덴티티(타고남)
풀어 말하면 '인'은 우리의 능력, 열정, 재능

- 간접적인 조건: 연(緣)
'연'은 '인'에게 영향을 미치는 외부적인 조건들을 의미한다. 교육 환경, 주변 사람들, 경제적 상황, 사회적 트렌드

예를 들어,
타고난 후각과 미각을 탑재하고 태어나(인)
끝내주는 커리큘럼과 제자를 진심 어리게 조언해 주고 가르쳐 주는 좋은 스승을 만나고 셰프라는 직업의 인기가 점점 커지는 시대적 배경(연)이 있다면,

그 사람의 진로는 완벽하게 조화롭게 이루어질 수 있다.

과거에 게임을 좋아하고 잘하는 사람은 인생을 망친 게임 페인으로 여겼다. 지금은 게임에 대한 인식이 바뀌면서 올림픽 종목으로도 채택이 되는 세상이 되었다. 인연이 적절히 잘 맞았기 때문이다.

결국, 직업을 선택하고 그 업에서 성공하기 위해서는 '인'과 '연'이 조화를 이루어야 한다. 어느 하나에 치우쳐서는 안 된다. 혹시 지금 헤매고 있다면 인연의 의미를 잘 새기고 어떤 부분이 막혀 있는지 생각해 보자. 능력과 열정(인)이 더 필요한 것인지 아니면 외부 조건(연)을 바꾸거나 찾아야 되는지 생각해 보자.

마치며

전달하고자 하는 말을 세세하고 다양한 관점에서 풀어서 썼지만 핵심 메시지는 아주 간결하다.

"타고난 아이덴티티를 찾고 당신의 최고 버전으로 세상에 가치를 만들자."

현대 자본주의 시스템은 우리가 최고 버전이 되어 주인공으로 살아가기를 원하지 않는다. 마음의 눈을 다시 떠서 세상을 바라보고 자신만의 길을 걸어야 한다.

《미운 오리 새끼》 동화를 보자.

많은 사람들은 미운 오리가 백조로 거듭나는 과정을 자세히 알지 못한다. 못난이 오리는 자신이 늘 동경하던 백조라는 사실을 깨닫지 못하고, 오리 무리에서 괴로워하며 살아가고 있었다. 그러다 갑자기 백조인 걸 알게 된 것이 아니다.

내면의 소리를 듣고 용기를 내어 백조들의 무리에 뛰어들었을 때다. 사람들이 예쁜 백조가 왔다고 소리칠 때만 해도 백조는 스스로를 의심했다. 하지만 사람들의 목소리를 듣고 물에 비친 자신의 모습을 보았을 때 그제야 사실은 자신이 눈부신 백조였음을 깨닫게 된다.

물에 비친 자신의 모습을 이전에도 수백 번 보았지만 다른 오리들의 편견에 의한 밀로 스스로를 미운 오리로 보았던 것이다.

혹시 지금 당신도 스스로 미운 오리 새끼라고 생각하고 있지는 않은가? 남들과 비교하며, 그들의 평가가 미운 오리라고 믿게 만들었을지도 모른다. 당신은 이미 어떤 곳, 어떤 영역에서는 누구보다 빛나는 백조일지도 모른다.

누군가의 이야기가 아닌 자신의 이야기를 들여다보면 좋겠다.

Be successful by nature
타고남으로 성공하라

퍼스널커리어 전문가로 일을 시작할 때부터 만든 회사 슬로건이다.

나는 누구나 자신 안에 타고난 재능이 폭발하는 최고 버전이 존재한다고 믿는다.

이제는 당신의 멋진 이야기가 또 다른 분들에게 희망의 메시지가 되기를 확신하며 이야기를 마친다.

MEMO